『함께 바라보는 동과 서 – 인간혁명과 지구혁명』 출간

동서 문명의 거장들이 던지는
시대의 대화

★★★
AI 시대의 혼란,
인간 중심 철학으로
돌파하다

★★★
전 세계 50여 개 언어로
번역된 베스트셀러
작가의 질문

★★★
시대를 앞서 읽은
철학자의 통찰을
배운다

인간혁명에서 지구혁명으로, 미래를 바꾸는 철학적 제안
동서양 두 석학이 제시하는 지속가능한 평화의 길!

권찬호(전 駐시애틀 제11대 총영사, 전 상명대 교학부총장)

이케다 다이사쿠·리카르도 디에스 호흐라이트네르 지음

함께   바라보는   동과 서

절찬 판매중
정가 13,000원

인간혁명과 지구혁명

이케다 다이사쿠
리카르도 디에스 호흐라이트네르

동서 문명이 함께 그린 지속 가능한 미래의 설계도

서로 다른 문명과 사상이 마주 앉아 인류의 내일을 묻는다.
"지속 가능한 미래는 어디서부터 다시 시작해야 하는가?"

연합뉴스

(책등) 함께 바라보는 동과 서
이케다 다이사쿠
리카르도 디에스 호흐라이트네르

연합뉴스

"한국 불교미술만의 독창적 세계, 드디어 만나는 신중도神衆圖"

불법佛法을 수호하는 선신善神들, 그 장엄한 세계를 해부한 최초의 연구서!

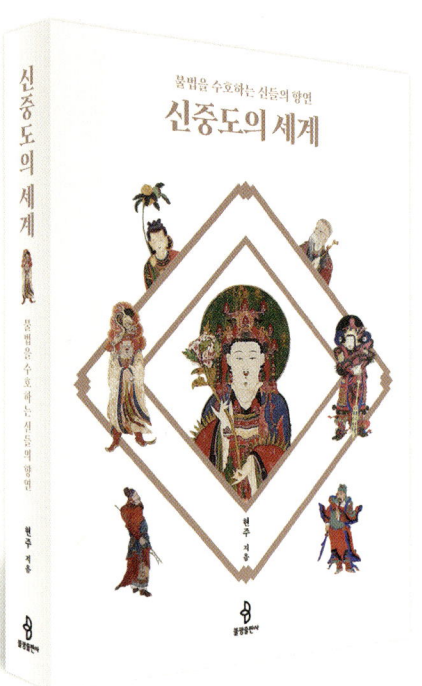

불법을 수호하는 신들의 향연

신중도의 세계

현주 지음
504쪽 | 올컬러
35,000원

신중도의 탄생과 전개, 도상의 비밀을 세밀하게 파헤친 단 하나의 책!

신중도는 불교적 지식 없이는 거의 해석하기 어려운데 더구나 불교뿐만 아니라 도교(道敎)의 신들도 섞여 있어 융·복합적인 시각과 끈기가 없이는 불가능한 불화이다. 현주 스님은 이처럼 난해한 신중 그림을, 시기에 따른 양식적 특징까지도 포함시켜 참 쉽게도 설명해 주었다. 이 한 권이면 신중도가 더더욱 친밀해지고, 불화는 더 이상 도깨비 그림이 아니다. _동국대 명예교수 정우택

현주 스님　　해인사승가대학을 졸업하고, 동국대학교 미술사학과에서 석사 및 박사 학위를 취득하였다. 저자는 우리나라 신중도를 중점적으로 탐구한 연구자로서, 신중도 관련 학술논문만 13편을 발표하기도 했다. 국가유산청 문화재전문위원을 역임하였으며, 현재 전남대학교 동아시아연구소 연구교수로 재직 중이다.

불광출판사　전화 02) 420-3200 | www.bulkwang.co.kr | ▶ 불광미디어

죽음은 무엇인가? 윤회는 정말 있는 것일까?

나는 죽으면 어떻게 될까?

객관적으로 검증된 임사 체험자, 전생 기억자의 경험을 바탕으로
사후 세계와 윤회의 문제를 물리학적으로 고찰하다!

사후 세계와 윤회에 대한
물리학적 고찰

과학이 주목하는
죽음 이후의 일들

김성구 지음
384쪽 | 23,000원

수천 년 동안 인류는 죽음과 윤회에 대해 끊임없이 질문해 왔다. 마침내 과학이 이 오랜 물음에 응답하고 있다. 『과학이 주목하는 죽음 이후의 일들』은 양자 역학과 상대성 이론의 관점으로 윤회의 가능성을 탐색한다. 존재와 세계에 대한 현대 물리학의 이해가 불교의 무아 윤회와 닮은 점이 있다는 데 주목한 것이다. 그리고 이러한 접점에 근거하여 죽음과 윤회가 우리 삶에 어떤 의미를 남기는지, 과학과 불교의 언어로 해석한다.

과학과 불교, 두 세계를 잇는
물리학자 김성구 교수의 책

아인슈타인의
우주적 종교와 불교

408쪽 | 23,000원

고전물리학의 틀을 깨고 탄생한
양자 역학, 불교에 길을 묻다!

현대 물리학의 최전선인 양자 역학 이론과 불교의 연기(緣起), 공(空) 사상의 비교로 왜 불교가 우주적 종교이며 미래의 종교가 될 수 있는지 세세하게 검증한다.

불광출판사 전화 02) 420-3200 | www.bulkwang.co.kr | 불광미디어

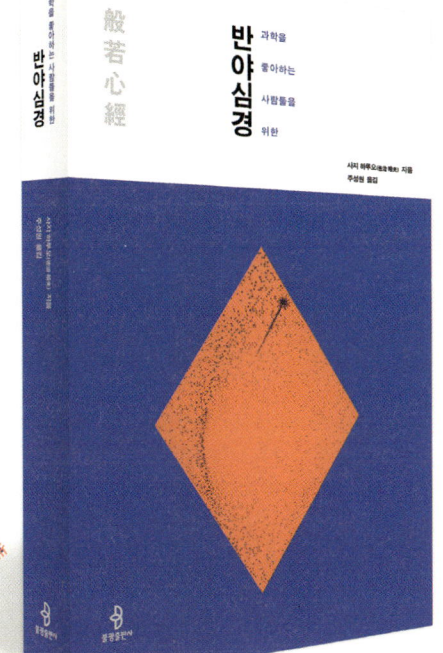
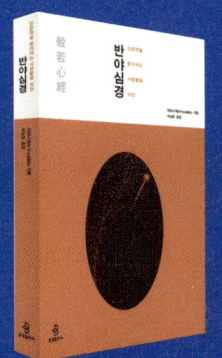

스님 불교 재밌나요?

불광

Monthly Magazine
2025 | vol·612
10
www.bulkwang.co.kr

발행인	지홍	54-jihong@hanmail.net
편집인	류지호	sunflower6472@hanmail.net
편집주간	김남수	nskim6861@hanmail.net
사진	유동영	podosy@naver.com
에디터	송희원	ruread@naver.com
	하다해	oceanalot@gmail.com
마케팅·광고	이유리	sdbfly@naver.com
SNS	류지수	jigu_0123@naver.com
디자인	쿠담디자인	koodamm@naver.com
영상콘텐츠	유권준	reamont@naver.com
	김대우	mindtemple@gmail.com
	김희준	fr79@naver.com
총무부장	윤정안	ja2718@hanmail.net
제작국장	김명환	heaan70@hanmail.net
인쇄·출력	(주)테라북스	
종이	한솔 pns	

●
표지설명
표지는 해탈컴퍼니의 '중생아 사랑해',
'깨닫다!' 도안을 모티브로 디자인했다.
제목은 "스님 '불'교 '재'밌나요?"라는
밈에서 영감을 받았다. 도안 제공 해탈컴퍼니

●
책에 실린 작품 중 소장처가 불분명하거나
소장자와 연락이 닿지 않아 부득이 허가를 받지
못하고 게재한 작품이 있습니다. 이에 대해서는
확인되는 대로 적법한 절차를 밟도록 하겠습니다.

「불광」 통권 612호 2025년 10월 1일 발행
1974년 9월 5일 등록 종로 라-00271호
정가 12,000원, 1년 정기구독료 144,000원

주식회사 불광미디어
주소 서울시 종로구 사직로10길 17, 301호
전화 02-420-3200 팩스 02-420-3400
광고문의 02-420-3200

www.bulkwang.co.kr
youtube.com/c/bulkwangc
facebook.com/m.bulkwang
@monthly_bulkwang
네이버에서 '월간불광 스마트스토어' 검색

스님 불교 재밌나요?

- 스불재는 '스스로 불러온 재앙'의 줄임말로 자신이 벌인 일을 후회하거나 자책할 때 쓰는 신조어다. 한 방송에서 개그맨 문세윤이 "스님 불교 재밌나요?"라고 '스불재'의 뜻을 잘못 유추해 폭소를 자아냈고, 그게 밈(meme)이 됐다.

"힙한 불교" 열풍이 식을 줄 모른다. 2023년 연등회에서 개그맨 윤성호가 부캐 '일진 스님(현 뉴진 스님)'으로 불경 디제잉 공연을 펼치자, SNS에서는 "불교 또 나만 빼놓고 재밌는 거 하네"라며 화제가 됐다.

2025년 '서울국제불교박람회'는 20만 명 이상의 방문자 수를 기록했고, 70% 이상이 2030세대였다. 대한불교조계종 사회복지재단이 주최하는 미혼 남녀 만남 템플스테이 '나는 절로-신흥사 편' 지원자도 역대 최다 인원(총 2,620명)을 기록했다. 버튜버 불법(佛法) 스님이 집전한 〈케이팝 데몬 헌터스〉의 아이돌 그룹 '사자보이즈' 천도재 라이브 방송은 시청자 4,000여 명을 돌파하며 큰 반향을 일으켰다.

아이돌 팬덤 문화에 착안해 부처님오신날에 앞서 서울 연화사에서 열린 '부처님 생신 카페', 해탈컴퍼니의 '깨닫다!' 티셔츠를 비롯한 기발한 불교 굿즈들로 문전성시를 이룬 팝업스토어까지. 불교는 다양한 문화적 방편을 활용해 경험과 공유를 중시하는 MZ세대와 공명하며 진화 중이다.

'힙불교'는 잠깐의 반짝이는 유행일까? 이번 호에서 "불교는 원래 힙했다"라고 인터뷰한 준한 스님(저스트비 홍대선원 주지)과 "부처님 가르침이 굳건히 서 있는 한, 불교가 어떤 모습으로 다가가든 사람들은 그 가치를 알아볼 것"이라고 귀띔하는 묘장 스님(조계종 기획실장, 전 조계종 사회복지재단 대표이사)의 말에서 그렇지 않음을 짐작한다.

『스님 불교 재밌나요?』에서는 재미를 넘어 불교에서 위안과 평안을 얻는 불교계 안팎 다양한 청년들의 모습을 들여다봤다.

도심에서 대자연 속
수행 공간으로

특집. 스님 불교 재밌나요?

정리. 송희원

사진. 유동영

"청년들이여
대자유인이 돼라!"
– 저스트비 홍대선원 주지 준한 스님

'힙불교'의 진원지 같은 곳이 있다. 홍대 도심에 자리 잡은 '저스트비(JustBe) 홍대선원'이다. '글로벌 수행 놀이터'라는
콘셉트로 2022년 9월 1일 문을 연, 스님들이 청년·외국인 스태프와 함께 운영하는 수행·문화 공간이자 게스트하우스다.
홍대는 예술, 인디 문화가 태동한 힙스터(hipster)의 성지와도 같은 곳이다. 홍대선원은 이 지역을 방문하는 국내외 청년들에게
아침예불·108배·좌선·차담 등 전통적인 사찰 프로그램과 함께, 선 태극권·요가·드로잉·소리명상·채식포트럭파티 등
다양한 문화 체험 프로그램을 선보인다. 프로그램 참여자들은 대부분 20~30대 청년·외국인·예술가들로 "힙한 불교다",
"힙한 스님들이다", "새롭다"라며 긍정적인 반응을 보인다.
최근 3주년을 맞아 '저스트비 히말라야' 프로젝트를 준비하는 저스트비 홍대선원의 주지 준한 스님을 만나
'청년과 불교'에 대한 이야기를 나눴다.

불교는 원래 힙했다

Q

9월 5일~6일 '저스트비
홍대선원' 개원 3주년 기념
파티를 열었어요. 소회를
짧게 말씀해 주신다면요.

A (준한 스님)

행복했어요. '이거 완전 나의 행사야', '우리 파티다'
하며 수처작주(隨處作主, 어디에 있든 그곳의 주인이 되다)
하는 청년들의 모습이 보기 좋았어요. 1, 2주년을 거쳐
3주년이 되면서, 하나의 챕터(chapter)를 끝마친 것처럼
이제 드디어 방점을 하나 찍은 느낌이었어요. 3이란
숫자가 그런 게 있나 봐요.

Q

저스트비 홍대선원을 처음
세웠을 때 운영 원칙이
있었나요?

A

운영 방침은 딱 두 가지였어요. '존중(respect)'과
'친절(kindness)'. 타인과 공동체를 존중하고, 내 의견과
내 조건을 내려놓는 것. 그리고 친절함과 웃음을 잃지
않는 것. 저 역시도 스스로 배우고자 하는 마음을 잃지
않고, 마음을 다스리는 것을 최우선 1번 과제로 삼고
지켜왔어요.

"포교의 대상은 항상 나예요. 부처님 가르침을 더 깊이 새겨서 제 자신이 먼저 변하다 보면 포교는 자연스럽게
저절로 되는 게 아닌가 싶어요. 불교는 수행의 종교, 깨달음의 종교라고 하잖아요."(준한 스님)

Q

2023년 1월호 기사(홍대 나이트 라이프 파고든 '명상 게스트하우스')로 스님을 인터뷰했을 당시, 스태프가 20명 정도였던 걸로 기억하는데 지금은 어때요?

A

상주, 비상주 스태프와 자원봉사자까지 다 하면 한 100명 정도 될 거예요. '티텐더(Tea Tender, 1층 리셉션 티테이블에서 손님을 맞이하는 소임)'만 해도 한 20명 정도 되죠.

Q

저스트비는 '청년 불교', '힙불교' 하면 가장 먼저 떠오르는 상징적인 공간이죠. 스님은 청년의 범주를 어떻게 구분하세요?

A

서는 나이로 청년을 구분하기보다는, 청년의 '청' 자가 푸를 청(靑)이니까, 푸른 마음을 가지고 있는 사람은 다 청년이라고 봐요. 나이에 상관없이 80대 할아버지가 도전적이고 희망적인 푸른 마음을 가지고 있다면, 그분 역시 청년이겠죠.

Q

그럼 반대로 그런 마음을 가지지 않은 청년은 청년이 아닐 수도 있겠네요.

A

'청년이 아니다'라고 이분법적으로 나누는 것보다, 그런 사람은 약간 누런 '황(黃)년'으로 볼 수 있겠죠(웃음).

靑

'저스트비 홍대선원 3주년 기념파티' 단체 사진.

JustBe

Q

'요즘 청년들에게 불교가 힙하게 받아들여진다'란 말을 어떻게 생각하세요?

A

불교가 '청년'들한테 힙하다, 라는 것은 보편적으로 그럴 순 있지만 100% 그렇게만 볼 수는 없어요. 보통 청년의 기준을 나이로 잡았을 때 20대 30대가 같은 청년이라 해도 서로 완전히 다르잖아요? 장년층도 불교를 힙하게 받아들이면 힙한 거죠. 그리고 원래 불교는 힙해요.

Q

그전에는 불교가 힙하다는 걸 몰랐던 걸까요?

A

코로나가 오면서 전 세계가 명상과 불교에 대한 관심이 높아질 수밖에 없었어요. 시절 인연이 오면서 게스트하우스와 명상을 결합한 저스트비 홍대선원 같은 곳이 나오면서, '불교 신선한데!'라며 인식이 전환됐죠. 제가 4년 전에 언론에 나왔을 때 '힙한 스님'이라고 그러더라고요. 사실 불교의 가르침 자체가 원래 힙하죠. 부처님 시대 때 인도에서는 카스트 제도가 심했어요. 여성에 대한 차별도 심했죠. 그런데 당시 부처님은 여성 출가자를 허락했어요. 제일 보수적인 문명 시대에서요. 이것은 거의 혁명이죠. 불교를 종교로써 도그마(dogma)로써 접근하는 게 아니라, 순수하게 부처님 가르침으로 놓고 보면 정말 힙하고 매력적이에요.

Q

부처님 시기에 청년들이 가르침을 듣고 한꺼번에 출가하기도 했잖아요. 그런데 요즘 청년들은 불교박람회 같은 데서 단지 문화적으로 불교를 받아들일 뿐, 당시보다는 불교 가르침에 대한 믿음의 강도가 약하다는 생각이 들어요.

A

부처님 가르침의 핵심인 사성제(四聖諦) 중에서도 제일 처음이 괴로움에 대한 성스러운 진리인 '고(苦)성제'예요. 부처님 당시에는 생사의 문제가 바로 눈앞에 있었어요. 태어나서 100일 안에 죽는 사람도 많고, 먹고사는 것 자체가 힘들었어요. 생로병사의 문제가 역력하게 존재했죠. 그런데 지금은 괴로움의 문제가 좀 다르죠. 겨울엔 히터, 여름엔 에어컨을 빵빵하게 틀고 아르바이트를 하루에 몇 시간만 해도 먹고살 수는 있잖아요. 요즘은 오히려 정신적인 문제가 커서 불교에서 정신적인 위안을 얻어요. 그런데 꼭 불교뿐만이 아니더래도 다른 종교와 문화도 많고, 쾌락적인 것으로 위안을 삼기도 하죠. 그런 데 차이가 있지 않을까 싶어요.

Q

청년들을 '포교의 대상'으로 보면 안 된다는 말도 있어요.

A

포교라는 게 부처님의 가르침을 전하는 건데, 저는 그것을 남을 바꾸거나 저 사람을 개종하는 데 초점을 두지 않는 것 같아요. 다만 내 경험과 생각을 나눈다 정도죠. 포교의 대상은 항상 나예요. 부처님 가르침을 더 깊이 새겨서 제 자신이 먼저 변하다 보면 포교는 자연스럽게 저절로 되는 게 아닌가 싶어요. 불교는 수행의 종교, 깨달음의 종교라고 하잖아요.

발심해서 대자유인으로 자유자재하라

Q		A

어떤 사람은 불교의
'무아(無我)'를 허무주의로
받아들이기도 해요.

무아라는 건 내가 없다는 게 아니에요. 고정된 실체의
내가 없다는 거죠. 한순간도 머물러 있지 않고 모든
것은 변한다는 거예요. 세포도 다 변하고 있기에
나라는 것도 단 1초도 같지 않아요.
한 생각이 일어났을 때 그 한 생각을 일으킨 주체가
있잖아요. 나라고 하는. 그런데 한 생각이 쉬어졌을
때, 즉 한 생각도 일어나지 않은 그 자리는 뭐라고
해야 할까요? 사실 그건 말로 표현이 안돼요. 말을
하는 순간 한 생각이 일어나기 때문이죠. 말과 생각이
일어나기 전에 그 자리를 일명 무아의 자리라 해요.
'나'가 없는 거예요. 그런데 없다는 게 그냥 없는 게
아니고 무아 곧 대아(大我), 즉 우주 자체가 된 거예요.
고정된 내가 없는데 사람들은 자꾸 나한테 집착해요.
우리의 병은 어디서 오냐 하면, 나한테 집착하는
병에서 와요.

Q

'천상천하 유아독존(天上天下 唯我獨尊)'이라는 부처님 말씀도 많이 알려졌는데요. 이를 '나만 잘났다'라고 받아들이는 사람들도 있어요.

A

천상천하 유'아'독존에서, '아(我)'는 마음 '심(心)' 자로 표현해야 해요. '나'라는 개념도 마음이 만들어 낸 하나의 생각일 뿐이에요. 보편적인 우주라는 것은 본래 없어요. 그럼 이 우주는 어떤 우주냐면 나의 우주인 거예요. 200년 전까지만 하더라도 우주라는 개념 자체가 없었어요. 과학이 발전되면서 지구가 태양을 돌고 있다고 알았지 그전까지는 몰랐어요. 그러니까 내가 알고 있는 만큼, 인식하고 있는 만큼의 우주인 거죠. 그러니까 마음이 다 만든다는 거예요. '천상천하 유아(심)독존'은 마음이 그만큼 위대하고 존귀하다는 거예요. 존귀함은 나뿐 아니라 동시에 모든 사람에게 다 적용이 돼요. 왜냐하면 각자 다 자기만의 마음들이 있으니까요. 천당과 지옥 모든 게 다 이 마음 작용이에요. 이걸 깊이 깨달을수록 우린 큰 마음을 쓸 수 있어요. 두려움이 가짜인 걸 알기에 두려움도 없어요. 그래서 막 도전해서 나도 살리고 남도 살리는 데 마음을 자유자재로 멋지게 쓰는 거예요. 이렇게 멋지게 쓰는 사람이야말로 우주의 주인이 되죠.

Q

스님께서 법문 때마다 강조하시는 '대자유인'이 바로 그런 뜻이죠?

A

그렇죠. 대자유인이라 했을 때 어디로부터의 자유냐 하면 내 마음으로부터의 자유예요. 대자유인은 번뇌롭고 옹졸하고 치졸하고 집착하고 흔들리고… 이런 마음으로부터 걸림이 없어요. 자기 마음에 걸림 없이, 자유자재로 그 마음을 적재적소에 쓰는 거죠.

대자유인이 되기 위해서,
구체적인 방법론이 있을까요?

대자유인이 되기 위해서는 어떤 일을 하기로 마음먹는
발심(發心)이 일단 일어나야 해요. 그래서 부처님이
'자등명 법등명(自燈明 法燈明)'이라며 일단 자기
자신에게 의지하고 법을 믿으라고 한 거예요.
'나의 참 본성, 본래의 위대한 본성을 제대로 아는 게
내 삶에서 가장 중요하다'라는 그 마음이 일어나면요,
자연스럽게 우주가 도와줘요. 좋은 인연, 좋은 책, 좋은
길을 만나게 돼서 자기만의 여행이 시작되는 거죠.
나를 찾아가는 여행에 고정된 방법은 없어요. 여기서는
그 마음이 일단 중요해요. 내가 나를 찾아야겠다는
마음만 일단 일으키면 일으킨 만큼 길이 열릴 거예요.
그러니까 도전해야 해요. 용기를 내서 자기가 가지고
있던 틀을 깨고 도전했으면 좋겠어요. 뜻이 있으면
길이 열린다고 하잖아요. 그 뜻을 세워야 돼요.

홍대선원에서는 '행자'와
'인턴(intern)'을 합친 수행과
실무를 동시에 경험할 수 있는
수행형 인턴십 프로그램 'JustBe
행(行)턴'을 운영하고 있어요.
최근 4기를 모집했어요.

지금까지 행턴으로 졸업한 사람이 한 15명 정도 돼요.
이후에 취업하거나, 여기서 일하는 친구도 있고 출가한
친구도 있죠.

Q

출가도 했다고요? 스님과의 인연으로 출가한 청년들은 몇 명 정도 돼요?

A

지금까지 제가 있는 홍대선원과 소백산 양백정사에서 8명이 출가했어요. 제 상좌는 5명이고요. 그중 한 친구는 홍대선원에서 2년을 보내다가, '저스트비 히말라야 프로젝트'로 처음 히말라야 갔다가 그곳에 반해서 "이 좋은 프로젝트에 뭐라도 도움이 되고 싶다"며 자기가 벌었던 돈을 다 기증했어요. 지금은 히말라야에서 행자 생활을 하고 있어요.

Q

물론 개인이 발심하는 거겠지만 스님께서 출가를 권유하는 경우도 있나요? 일명 '깎스라이팅'이라고 하죠(웃음).

A

지금 여기에서 하는 '마음 출가'는 누구에게나 권하는데, 몸 출가는 인연 따라 하는 것 같아요. 제가 출가를 의도적으로 권유하지는 않아요. 출가한 스님이다 보니 자연스럽게 제 생활의 좋은 점을 은연 중에 표현하는지는 몰라도요. 아, 한 번 있네요. 홍대선원 공사 때인 4년 전부터 함께한 뉴질랜드 교포 친구가 있어요. 그 친구가 계속 결단을 못 내리고 있길래 얼마 전에 제가 "이제 깎자" 그랬더니, "오케이" 해서 개원 3주년 되던 날 깎았죠.

'저스트비 히말라야' 프로젝트

'저스트비 히말라야(JustBe Himalaya)'는 네팔 히말라야 포카라 품디콧 언덕(1400m)에 한국불교 첫 도량과 마을(베이스캠프)을 조성하고, 부처님 탄생지인 룸비니에서 히말라야를 잇는 160km 옛 순례길을 복원하는 공익 프로젝트다. '한 세대의 꿈이 천년의 길을 열 수 있을까?'라는 한 생각에서 시작된 이 장기적인 프로젝트를 위해, 먼저는 약사여래불을 히말라야로 모시기 위한 화주(化主) 동참자를 모집하고 있다.

히말라야

하이웨이

"불심 도문 큰스님께서 히말라야 프로젝트를 들으시고는, 용성 스님으로부터 물려받은 100년 된 단주를 제게 물려주셨어요. 축서사 조실 무여 스님도 뵀는데, 스님께서도 이미 히말라야 프로젝트를 알고 계시더라고요. '준한아, 히말라야 프로젝트는 한국불교의 글로벌 대작 불사다'라고 말씀하시더라고요." (준한 스님)

Q

'저스트비 히말라야' 프로젝트에 어떤 청년들이 동참했으면 하나요?

A

내가 나를 찾아야겠다고 발심한 청년들의 '나를 찾아가는 여행'은 각자 다르겠죠. 지금 저스트비에서 추진하는 히말라야 프로젝트 같은 경우는 그것을 극대화하는 여행이에요. 기안84의 세계 일주 마지막 편이 히말라야잖아요. '히말라야'와 '순례길'이라는 말 자체가 주는 영감의 힘이 있는 거죠. 부처님이 태어나신 길이자, 대자연 속에서 깊이 사유하고 걸으면서 도전할 수 있게끔 도와주는 프로젝트죠. 이런 무브먼트(운동)가 불교의 문을 열고 들어온 친구들에게 자연스럽게 다음 스텝으로 넘어갈 수 있는 길을 열어준다고 생각해요. 다만 그 길은 열어주는 사람의 안목과 지혜만큼 열릴 수 있겠죠.

Q

스님께선 출가 후인 2013년에 18개월 동안 히말라야 구법순례를 떠났어요. 당시 안나푸르나에서 룸비니까지 도보 순례를 하셨는데, 그때부터 생각하신 프로젝트인가요?

A

그때는 이 순례길을 만들어야겠단 생각을 하진 않았어요. 단지 내가 이 길을 걸으면서 다시 출가하는 마음으로 도전해야겠다며 수행하는 마음으로 걸었죠. 홍대선원이 3주년 되면서 시절 인연으로 이 프로젝트가 기획됐어요. 도심 한복판에 이곳을 만들면서 많은 사람과 인연이 됐죠. 홍대선원은 단지 허브 같은 곳이지, 여기에서 더 깊이 수행에 들어가는 것은 제한적이에요. 이미 붐이 일어나서 전국의 천년고찰에서 많은 사람이 템플스테이를 하고 있어요. '한국불교는 이미 잘 되고 있는데, 그럼 나는 이제 뭘 할 수 있을까'를 생각했어요. 히말라야에서 떠났던 그 길이 제 수행의 길에서 가장 매력적이었기에 이걸 공유할 타이밍이 왔구나 싶었어요.

Q

도심 속 '저스트비 홍대선원',
자연 속 '저스트비 히말라야'.
이 두 베이스캠프에서의 청년들
모습을 어떻게 상상하시나요?

A

도심에서 하는 수행과 산에서 하는 수행. 둘 중
뭐가 더 좋고 나쁘다가 중요한 게 아니라, 극과
극에서 자유자재하는 것이 우리의 목적이 아닐까요.
'중도(中道)'라는 것도 극을 피하는 게 아니고 극과
극으로부터 자유자재하는 거죠. 저는 도시도 산도 모두
좋아해요. 특히 현대 청년들은 더 그런 경향이 있어요.
도시 문화의 편리함도 좋아하지만, 우리의 몸이
지수화풍의 4대 요소로 만들어졌기에 본능적으로
자연을 찾게 돼 있어요. 요즘 젊은 사람들 사이에서
등산이 유행이잖아요? 그래서 이왕 산을 갈 거면
히말라야에 가보자는 거죠.
히말라야를 느끼는 방법에는 두 가지가 있어요.
하나는 올라가는 거, 다른 하나는 보러 가는 거죠.
비행기에 내려서 차를 타고 30분 들어가면 포카라
품디콧 언덕(1400m)에 있는 우리 베이스캠프가 나와요.
거기에서는 호수도, 히말라야산도 모두 보이죠.

Q

두 곳에서 진행되는 프로그램도
무척 다를 것 같은데요?

A

홍대선원은 실내 프로그램이잖아요. 히말라야에서는
트레킹부터 육해공을 모두 체험할 수 있는 프로그램이
가능해요. 거기가 전 세계 산악인들의 성지예요. 산을
좋아하는 사람들이 다 모여 있는 아지트 도시죠.
호수도 있는데, 그 주변에 게스트하우스부터 리조트,
호텔까지 다 있어요. 패러글라이딩, 번지 점프,
스카이다이빙까지 다 할 수 있어요.

Q

복원되는 순례길은 어떤
길인가요?

A

포카라에서 룸비니까지 내려가는 길이에요. 네팔
정부에서 그 길의 공식 명칭을 부처님께서 싯다르타
태자였을 때 다니셨던 길이라고 해서 '싯다르타
하이웨이'라고 이름 붙였죠. 지금 '싯다르타
하이웨이'에는 차가 다니는데, 그 바로 밑에는 마을
길과 물길이 있어요. 2,600년 전 싯다르타가 걸었던
그 길을 한국불교가 최초로 복원하는 거죠. 한국불교
이름을 걸고 할 수 있는 글로벌 프로젝트가 되겠다고
생각했어요.

Q

프로젝트는 앞으로 어떻게
진행되나요?

A

제가 BTN에서 한 달에 한 번씩 원로 임원 스님들을
뵙고 스님 평생의 이야기를 듣는 〈뜰 앞의 잣나무〉
프로그램을 진행하고 있어요. 거기서 최근 92세의
불심 도문 큰스님을 뵀어요. 네팔 룸비니에 한국사찰인
대성석가사를 세운 법신 스님, 정토회 지도법사 법륜
스님이 도문 스님의 상좌죠. 도문 스님께서 히말라야
프로젝트를 들으시고는, 용성 스님으로부터 물려받은
100년 된 단주를 제게 물려주셨어요. 축서사 조실
무여 스님도 뵀는데, 스님께서도 이미 히말라야
프로젝트를 알고 계시더라고요. '준한아, 히말라야
프로젝트는 한국불교의 글로벌 대작 불사다'라고
말씀하시더라고요.
프로젝트 기금이 모이면, 네팔 현지 부지를 매입하고
비영리법인 NGO를 만들 예정이에요. 이 프로젝트의
시작은 저스트비가 했지만, 앞으로 한 세대가 해야
하는 불사가 될 거예요. 다만 저는 앞에서 깃발을 들고
가며 심부름하는 행동대장 역할을 하게 되겠죠. ●

저스트비 홍대선원
서울 서대문구 신촌로3가길 8-3
인스타그램 @justbe_temple

저스트비 히말라야 프로젝트
인스타그램 @justbe_himalaya
문의 010-5708-2423

팔상도로 본
청년 붓다

특집. 스님 불교 재밌나요?
글. 고미숙
사진. 법주사 〈팔상도(八相圖)〉

붓다의 깨달음, '찬란한' 청춘의 파토스

붓다는 청년이다. 29세에 출가해 35세에 깨달음에 이르렀으니
지금 시대의 기준으로 보아도 청년기 아닌가. 붓다가 생존한
기원전 5세기를 인류학적으로는 '축의 시대(Axial Age)'라고
한다. 인류 문명의 축이 근본적으로 바뀐 – 정복에서 지혜로! –
시대라는 뜻이다. 그 변화를 이끈 주역은 소크라테스, 붓다,
공자, 노자/장자 등 인류의 대스승들이다. 그 가운데서도
붓다의 깨달음, 즉 '열반과 자유'와 '지혜와 자비'라는
비전은 궁극의 가르침에 해당한다.

아울러 주목해야 할 사실이 하나 있다. 소크라테스나 공자,
노자, 그리고 장자에겐 청춘이 부재한다. 그들의 가르침은
중년의 성숙과 노년의 지혜에 해당한다. 그에 반해 붓다의
깨달음은 치열한 '청춘의 고뇌'와 그로부터 '파생된 질문'에서
시작됐다. 고뇌의 원천은 에로스적 충동이다. 붓다의 청춘은
환락의 절정이었다. 다른 성인들에게선 결코 찾아볼 수
없는 장면이다. 환락의 끝은 번뇌와 허무다. 그 순간 진리,
곧 로고스(Logos)를 향한 열정이 솟구친다. 청춘을 '에로스와
로고스의 향연'이라 칭하는 이유다. 붓다의 깨달음은
전형적으로 이 코스를 밟아간다.

탄생의 사자후 – '대자유'의 비전을 선포하다!

네팔 근처의 작은 왕국 카필라바스투. 숫도다나왕이 마흔이 넘어 왕비가
아기를 잉태했다. 출산이 임박하자 왕비는 친정을 향해 원정에 나섰다.
중도에 잠시 쉬려고 룸비니 동산을 거닐다 무우수 나뭇가지를 붙들고
옆구리로 아기를 낳는다. 옆구리 탄생의 의미는 두 가지다. 하나는 카스트
가운데 크샤트리아(전사)를 상징한다. 또 하나, 자궁이 아닌 심장 근처에서
태어났다는 건 정욕이 아니라 교감의 산물임을 의미한다.
시녀들이 아기를 받아 안자 아기는 우뚝 서서 두 발로 일곱 걸음을 걷는다.
그리고 탄생의 사자후를 터뜨린다. "천상천하 유아독존(天上天下 唯我獨尊)! –
하늘 아래 나 홀로 존귀하다!" 주로 이 게송만 회자되지만 사실은 뒤에
한 구절이 더 있다. "일체개고 아당안지(一切皆苦 我當安之)! – 모든 괴로움을
내 마땅히 평안케 하리라!" 대단한 야망이다.
'나 홀로 존귀하다'는 건 그 무엇에도 의지하지 않겠다는 것, 무엇보다
'신에 의한 구원'이라는 환상에서 벗어나겠다, 오직 인간의 힘으로 해탈의
길을 찾겠다는 선언이다. 그야말로 '완전한 자유'를 선포한 것. 일찍이
없었던, 아니 상상조차 하지 못했던 길이다.

법주사 〈팔상도(八相圖)〉 중 '비람강생상(毘藍降生相)' 부분.
싯다르타는 태어나자마자 일곱 걸음을 걸으며 "천상천하 유아독존(天上天下 唯我獨尊)!" 탄생의
사자후를 터뜨린다. '나 홀로 존귀하다'는 말은 그 무엇에도 의지하지 않겠다는 선언이다.

열두 살, 생태계의 고통을 마주하다

아기 싯다르타는 열두 살이 되어 친경제 행사에서 태자로 책봉된다.
친경제란 왕과 왕족들이 금으로 된 옷을 입고 은으로 된 쟁기를 들고
'농사 퍼포먼스'를 하는 행사였다. 백성들의 농사를 독려하기 위함이다.
아마 이때 싯다르타는 처음 성에서 벗어났을 것이다.
그날 태자의 눈에 비친 것은 왕족들이 펼치는 화려한 퍼포먼스가 아니라
농민의 땀과 거친 숨소리였다. 그것도 놀랍지만 태자의 시선은 거기서
그치지 않았다. 더 깊고 넓게 움직인다. 농민의 채찍을 맞고 신음하는 소,
흙이 뒤집어질 때 꿈틀거리는 벌레들, 그 벌레를 쪼아먹는 새. 그렇다.
먹고 먹히는 폭력과 고통의 사이클이 명료하게 클로즈업됐다. 다른 한편
농부의 고통과 대조되는 왕족들의 화려함, 거기에도 깊은 고통이 잠재해
있음을 보았다. 그들의 풍요와 쾌락은 뭇 중생들의 고통을 기반으로 한다.
그러므로 그들 또한 편하게 잠들지 못한다. 늘 불안에 떨거나 전투태세를
유지해야 한다. 결국 이 고통의 사이클에서 자유로운 존재란 없다.
과연 여기에서 벗어날 길은 없는가?
물론 당시 사람들은 이렇게 생각했다. 제의와 희생을 바쳐 죽은 뒤에
천상의 세계에 태어나면 된다고. 이 모든 과정의 결정적 키는 신에게
달렸다. 그렇다면 신은 왜 이토록 부조리하고 고통스러운 세계를
창조했을까? 질문은 이어진다. 구원의 열쇠가 신에게 달려 있다면
그것은 대체 언제 종결되는가? 그 프로젝트에는 인간을 넘어 소와 벌레,
새의 구원도 들어 있는가?
태자는 이런 질문들을 안고 갯복숭아나무 아래에서 명상에 들어간다.
질문이 얼마나 깊었으면 해가 기울었는데도 나무의 그늘이 그의 곁을
떠나지 않았다. 아버지 숫도다나왕이 그 모습을 보고 자기도 모르게
아들 앞에 예경을 올렸다고 한다.

법주사 〈팔상도〉 중 '사문유관상(四門遊觀相)'.
어느덧 청년이 된 태자는 인생의 생로병사를 고민한다. 농경제에 참여해
'고통에서 벗어나는 길'을 생각하고, 성문을 나서서는 인간사의 고뇌를 목격한다.

사춘기, 청춘의 교만은 산산이 부서지고

태자의 질문은 나날이 깊어졌다. 그러다 또 하나의 사건이 벌어진다.
'사문유관(四門遊觀)'이 그것이다. 사춘기 무렵 다시 한번 성 바깥으로 외유를
나가게 된다. 태자는 네 개의 문 가운데 동문에선 노인의 몸, 남문에선
병자의 몸, 그리고 서문에선 죽은 자의 몸을 본다. 비틀거리고 휘청거리고
비루하고 냄새나는 모습을 눈앞에서 직접 대면한 것이다.
태자는 시종에게 묻는다. "저 사람만 그런 것인가? 아니면 나도 저렇게
되는가?" 청년답게 '순진무구'한 질문이다. 하지만 누구나 할 수 있는 질문은
아니다. 그때나 지금이나 청년기엔 마치 자신에겐 결코 저런 시간이 오지
않을 것처럼 생각하기 때문이다. 그런 점에서 싯다르타의 이 질문은 참으로
신선하다. 시종은 단호하게 답한다. "누구나 그렇게 됩니다." 태자는 말한다.
그 순간 '청춘의 교만'이 산산이 부서졌다고, 그와 동시에 질문이 폭발한다.
저 모습이 나의 운명이라고? 누구도 피할 수 없다고? 결국은 저토록
허망하게 스러져 가는데 인간은 왜 끊임없이 다시 태어나고 싶어 할까?
노·병·사의 비탄과 허무를 벗어날 길은 과연 없는가?

법주사 〈팔상도〉 중 '사문유관상' 부분.
태자는 동문(東門)에서 노인의 늙은 모습을 본다.

법주사 〈팔상도〉 중 '사문유관상' 부분.
태자는 남문(南門)에서 병든 자의 모습을 본다. 시간과 공간이라는 그물망에 갇혀 이 괴로움을
무한 반복하는 것이 바로 윤회다. '진정 출구는 없는 것인가?'

법주사 〈팔상도〉 중 '사문유관상' 부분.

서문(西門)에서 장례 행렬을 보고 죽음의 무상함을 느낀 태자는 시종에게 묻는다. "나도 저렇게 되는가?"

시종은 단호하게 대답한다. "누구나 그렇게 됩니다."

열두 살 때의 질문이 생태계의 '공간적 사이클'에 관련된 것이라면, 이때
직면한 것은 모든 존재의 '시간적 사이클'에 대한 것이었다. 삶은 두 개의
축으로 얽혀 있다. 시간적으로는 '생로병사'에 갇혀 있고, 공간적으로는
'약육강식'의 회로에 갇혀 있다. 시공의 그물망 안에서 이 괴로움을
무한반복하는 것이 바로 윤회다. 진정 출구는 없는 것인가?
당시 사람들은 이렇게 생각했다. 다음 생에 더 고귀한 존재로 태어나면
된다고. 그러기 위해선 선업을 쌓고 희생 제의를 열심히 바치면 된다고.
하지만 태자가 보기에 그것은 근본적인 해결책이 아니었다. 설령 천상의
존재로 태어난다 해도 '윤회의 그물망' 자체를 벗어나지 못한다면, 무상한
시간 속에서 다시 인간 혹은 축생으로, 아귀로 떨어질 수밖에 없다.
이 고통의 사슬을 원초적으로 끊어버릴 길은 없을까? 탄생의 사자후 때
토해냈던 '일체개고 아당안지'가 구체적인 질문의 형식으로 부상하고
있었다. 그와 동시에 태자는 네 개의 성문 가운데 마지막 북문에서 사문들과
마주친다. 그들은 바로 자신과 같은 질문을 품고 숲으로 간 수행자들이었다.
그때부터 태자의 가슴엔 출가의 열망이 출렁이기 시작한다.

법주사 〈팔상도〉 중 '사문유관상' 부분.
태자는 북문(北門)에서 수행하는 사문(沙門)의 모습을 본다.
태자의 가슴 속에 출가의 열망이 꿈틀거리기 시작한다.

스물아홉, 환락의 성에서 지혜의 숲으로!

시간이 흘러 태자에게도 '질풍노도'의 시간이 다가왔다. 태자의 지성과
외모는 수많은 여인을 사로잡기에 충분했다. 아버지 숫도다나왕은 아들이
혹여 출가할까 싶어 청춘의 쾌락을 유감없이 즐기도록 배려했다. 아름다운
미녀들, 향기로운 음식, 천상의 음악 등 오감을 만족시키기 위해 최선을 다한
것이다. 동시에 최고의 미녀 야소다라를 태자비로 간택해 사랑과 결혼의
기쁨을 누리도록 했다. 하지만 그건 아버지의 착각이었다. 감각적 쾌락을
지속시키려면 쾌락의 강도를 계속 높여가야 한다. 그러다 보면 중독 아니면
환멸에 빠지고 만다. 현대인들은 충분히 실감할 것이다. 한번 따져보자.
태자가 누린 오감의 쾌락과 현대인들이 누리는 쾌감의 강도 중 어느 쪽이 더
강렬할까? 후자가 단연 압도적이다. 중독이 사회 도처에 만연한 이유다.
그럼 이 환락의 늪에 빠지지 않으려면 어떻게 해야 할까? 바로 질문이다.
질문은 생명의 원동력이다. 질문하는 자에게는 반드시 길이 열린다. 태자가
바로 그랬다. 아무리 천상의 쾌락을 누려도, 아무리 뜨거운 사랑을 나눠도
그의 질문은 더 깊어만 갔다. 결국 아들 라훌라가 탄생하고 축제가 벌어진 날
새벽, 태자는 출가를 감행한다. 바야흐로 29세, '찬란한 젊음'을 누리던
'그 좋은 나이에' 성벽을 뛰어넘어 숲으로 간 것이다.
성에서 숲으로! 환락에서 지혜로! 실로 담대한 선택이자 행동이다.
청춘의 활력이 아니곤 불가능하다. 인류 역사를 보아도 낡은 시대를
전복하는 건 늘 청춘의 파토스(Pathos)였다. 그 가운데 싯다르타의
출가만큼 '찬란한 파토스'는 없으리라. 윤회로부터의 해방, 모든 고통과
속박으로부터의 자유, 인류사에 이보다 더 라디칼(radical)하며 전복적인
비전은 불가능한 까닭이다.

법주사 〈팔상도〉 중 '유성출가상(踰城出家相)' 부분.
"태자는 지난 밤에 성문을 나갔습니다." 마부 찬나가 숫도다나왕, 왕비, 태자비에게 태자의 옷을
바치면서 싯다르타가 떠났음을 보고하고 있다.

서른다섯, 무소의 뿔처럼 혼자서 가라!

이제 그는 싯다르타에서 사문 고따마로 불렸다. 고따마는 스승을 찾았다. 당대 최고의 명상가인 알라라 깔라마와 웃다까 라마뿟다. 두 스승의 경지에 도달하기 위해 분투했고, 아주 빠른 속도로 거기에 도달했다. 명상의 경지를 통해 '범아일여(梵我一如)'를 체험한 것. 하지만 그는 다시 질문한다. 이 체험으로 윤회계의 고통과 번뇌를 타파할 수 있을까?

질문이 솟구치면 멈출 수 없다. 스승들은 거기에 응답하지 못했다. 고따마는 다시 길을 떠난다. 이젠 어디에도 의지할 바가 없다. 오직 자신의 몸으로 자신만을 믿고 무려 6년간의 고행에 들어간다. 스스로 말하기를, "가장 치열하고 가장 고통스럽고 가장 고독한" 시간이었다. 이것이야말로 청춘의 활력, 청년의 탄력성이 아니고서야 어떻게 가능하겠는가. 하지만 죽음이 목전에 다가온 순간, 고따마는 고행을 멈춘다. 고행은 거룩하다. 하지만 함정 또한 분명하다. 고행을 할수록 자기에 대한 집착은 더 강해지고 고통 자체를 탐닉하는 자만에 빠지기도 한다. 당연히 해탈은 불가능하다. 하지만 이제 분명하다. 선정이 황홀의 극단이라면, 고행은 그 반대다. 당시의 수행은 이 둘 사이를 오간다. 마치 현대인들이 냉탕과 온탕을 오가듯이.

고따마는 간파했다. 양극단을 벗어나야 비로소 길이 열린다는 것을.

법주사 〈팔상도〉 중 '설산수도상(雪山修道相)' 부분.
스스로 머리카락을 자르는 싯다르타. 태자에서 사문(沙門) 고따미로 거듭나는 순간이다.

그리고 보리수 아래 앉는다. 그때 떠오른 장면이 바로 열두 살 친경제 때의 첫 명상. 열두 살의 싯다르타가 서른다섯 고따마에게 한 줄기 빛으로 다가왔다. 그야말로 '과거가 현재를 살린' 것이다. 그 빛에 의지해 마왕 파순의 마지막 공격-환락과 두려움-을 이겨내고 마침내 정각에 이른다. 위없는 궁극의 깨달음이었다. 탄생의 사자후에 담긴 비전을 마침내 실현한 것이다.

이제 남은 것은 이 깨달음을 세상에 전파하는 것. 사슴동산(녹야원)에서 굴린 초전법륜은 '사성제(四聖諦)', '팔정도(八正道)', '연기법'으로 변주된다. 다섯 비구가 아라한에 도달하고 이후 새로운 시대정신에 목말랐던 수많은 청년이 붓다의 숲으로 도래한다. 승가공동체가 탄생했다. 그것은 국가도 아니고, 부족도, 혈연집단도 아닌 우정과 진리의 공동체였다. 인류사에 아주 새로운 커뮤니티가 등장한 것이다. 붓다는 제자들에게 외친다. 불사(不死)의 진리가 탄생했다! 이 진리는 그 무엇에도 의지하지 않는다. 소리에 놀라지 않고 그물에 걸리지 않고 진흙에 물들지 않는다. 그러니 무소의 뿔처럼 혼자서 가라! 탄생의 사자후, '천상천하 유아독존'이 이렇게 변주돼 세상에 울려 퍼졌다.

법주사 〈팔상도〉 중 '설산수도상' 부분.
사문 고따마는 당대 최고의 명상가인 알라라 깔라마와 웃다까 라마뿟다를 스승으로 삼는다.
두 스승의 경지에 도달하기 위해 분투했고, 아주 빠른 속도로 거기에 도달했다.
하지만 그는 다시 질문한다. '이 체험으로 윤회의 고통과 번뇌를 타파할 수 있을까?'

법주사 〈팔상도〉 중 '수하항마상(樹下降魔相)' 부분.
사문 고따마는 누구도 경험하지 못한 고행(苦行)을 한다. 가장 치열하고, 가장 고통스럽고, 가장 고독한 시간이었다.
마왕은 사문 고따마를 위협하기도 하고 유혹하기도 한다.

법주사 〈팔상도〉 중 '수하항마상' 부분.
보리수 나무 아래에서 깨달음을 얻은 부처님. 고따마는 어린 시절 농경제에서 경험한 순간을 생각한다.
열두 살 때의 기억이 서른다섯 고따마에게 한 줄기 빛으로 다가왔다. 위 없는 궁극의 깨달음의 순간이었다.

법주사 〈팔상도〉 중 '쌍림열반상(雙林涅槃相)' 부분.
부처님이 사라쌍수 아래에서 열반하신 모습(위)과 다비한 후 사리가 쏟아져 나오자 여덟 명의 왕이 이를 나누는 장면(아래)

열반, '찬란한' 청춘의 파토스!

그로부터 무려 45년, 붓다는 한결같이 법을 전파하다가 80세에 열반에 든다. 열반에 들기 2년 전부터 붓다는 길 위에 나선다. 그때 붓다가 설파한 것 역시 '사성제'와 '사념처(四念處)', '팔정도'다. 35세 청년기에 터득한 바로 그 진리다. 그리고 마침내 쿠시나가르 사라쌍수 아래서 열반에 든다. 완벽한 해방, 완전한 자유!에 도달한 것. 열반과 함께 붓다는 법신으로 화했지만 그의 다르마(Dharma, 法)는 연기법에서 반야(般若)와 공(空)으로, 유식(唯識)으로, 보리심으로 무한 변주된다. 다르마는 늙지 않는다! 끊임없이 생성, 변화할 뿐이다. 고로, 붓다는 영원한 청춘이다!

디지털과 함께 모든 고정된 것들이 산산이 흩어지고 있다. 나아가 양자역학은 불확정성이 자연의 원리라고 말하고 있다. 바야흐로 '무상', '무아'의 세계가 목전에 펼쳐지고 있다. 붓다가 우리 시대 청춘과 만나야 하는 이유다. 어디 청년뿐이랴. 물질적 풍요 속에서 환락과 환멸을 오가느라 피로에 지친 모든 이들이 붓다를 통해 '자기 안의 청춘'을 일깨워야 할 때다. 싯다르타가 성을 넘어 숲으로 갈 때의 그 '찬란한' 청춘의 파토스를! ◗

_____ 고미숙

고전평론가. 강원도 함백 출신. 고려대학교에서 고전문학으로 박사 학위를 받았다. 현재 감이당 & 남산강학원에서 '밥과 친구와 생사의 비전' 등 거의 모든 것을 해결하고 또 탐구하고 있다. 그동안 낸 책으로는 『열하일기, 웃음과 역설의 유쾌한 시공간』을 비롯한 열하일기 3종 세트, 『공부의 달인 호모 쿵푸스』를 비롯한 달인 4종 세트, 『동의보감, 몸과 우주 그리고 삶의 비전을 찾아서』를 비롯한 동의보감 4종 세트, 근대성 3종 세트, 그 외에 『조선에서 백수로 살기』, 『몸에서 자연으로, 마음에서 우주로 with 동의보감 & 숫타니파타』, 『청년 붓다, 바람과 사자와 연꽃의 노래』, 『현자들의 죽음, 소크라테스에서 붓다까지』 등이 있다.

중생아 사랑하고,
응 수행정진하면 돼~

특집. 스님 불교 재밌나요?

글. 송희원

사진. 유동영

한 가족의
깨닫다! 수행법

– 태현 스님, 해탈컴퍼니 주여진·주현우 대표

부처님 가르침에 따라 인생의 길을 함께 걸어가는 한 가족이 있다. 2024년 서울국제불교박람회에서 청년들에게 핫했던 '깨닫다' 티셔츠를 만든 장본인 주여진(30) 씨와 2024년 62년차 한국대학생불교연합회(이하 대불련) 중앙회장을 역임한 주현우(28) 씨, 그리고 남매의 아버지인 행복자비선원 주지이자 불교 명상음악가 태현 스님이 그 주인공이다. 강원도 원주 행복자비선원에서 태현 스님, 해탈컴퍼니 공동대표 주여진·주현우 씨를 만나 가족의 특별한 수행 여정을 들여다봤다.

깨닫다!

아버지는 어렸을 적부터 **깨닫고** 싶었다. **깨달음**으로 지혜로운 사람이 돼서 세상과 인류를 이롭게 하는 데 보탬이 되고 싶었다. 대한불교조계종으로 출가해 산속에서 수행하다가, 세상 속에서 경계에 부딪히며 수행하기 위해 다시 환속했다. 사회생활을 하다가 결혼해 남매를 낳아 가정을 이뤘다. 이후 한국불교태고종으로 두 번째 출가를 감행했다. 그 피를 이어받은 딸은 톡톡 튀는 아이디어로 젊은 세대에게 불교문화를 알리고 싶었다. **깨닫다**를 타이포그래피로 디자인해서 티셔츠에 새기고 여러 밈(Meme)을 활용해 불교

굿즈를 만들었다. 대중들은 '힙한 불교'라며 환호했다. 아들 역시 남달랐다. 경북대 불교학생회장과 대구경북지부장을 거쳐 대불련 중앙회장을 역임했다. 그 시기 전국적으로 일던 대불련 동아리 활성화의 중심에 있었다. 부전여전(父傳女傳), 부전자전(父傳子傳)이다.

"제겐 불교가 정말 재밌고 멋졌어요. 이런 불교를 사람들한테 어떻게 하면 쉽고 재밌게 보여줄 수 있을까를 고민하다가, '**깨닫다**'를 밈처럼 간단명료하게 보여주자 생각했죠. 전사지로 티셔츠를 제작해서 20장 정도 준비했는데, 그게 큰 인기를 얻었죠."(주여진)

2024년 서울국제불교박람회에서 여진 씨가 반야심경 EDM 디제잉을 했고, 그 리듬에 맞춰 태현 스님이 춤 퍼포먼스를 선보였다. 그 영상이 SNS에 공유되며 화제가 됐고, 여진 씨가 만든 '**깨닫다**' 티셔츠를 비롯한 불교 굿즈도 주목받으며 완판됐다.

'**깨닫다**' 티셔츠가 세상에 나오기 전, 앞서 선보인 티셔츠가 있었다. 2023년 태현 스님이 실담범자의 명인이신 법헌 큰스님을 도와 실담범자 전시회를 열었고, 그 문자를 여진 씨가 티셔츠로 만들었다. 불교가 어렵고 낯설다는 인식을 바꾸고, 젊은 세대에게 친근하게 다가가기 위해 낸 아이디어였다.

"실담범자는 경전에 최초로 쓰인 글자예요. 이걸 아이들 또래의 젊은 친구들에게 재밌게 알릴 방법이 뭐가 있겠냐고 아이에게 물었고, 티셔츠를 생각해 냈죠. 저 역시도 오래전부터 불교를 일반 대중에게 어떻게 하면 친숙하게 알릴까를 고민해 왔어요."(태현 스님)

해탈컴퍼니는 다양한 불교 굿즈로 불교의 전통적 이미지를 현대적으로 재해석해 젊은 세대에게 불교문화를 알린다. '묵언중·수행중' 키링, '불자는 아니지만 불교는 좋아하는 사람' 티셔츠, '중생아 사랑해' 머그잔, 번뇌 닦이는·탐욕 멸하는 수건 등. 유머러스한 문구와 밈을 결합해 미니멀하고 파격적인 디자인으로 선보인 불교 굿즈들은 청년들의 마음을 단박에 사로잡았다.

최근에는 대형 쇼핑몰에서 팝업스토어를 열며 법명 작명소, 번뇌 딱지치기, 스님 캐리커처 등 재치 넘치는 참여형 이벤트를 선보였다. 유명 브랜드 인생네컷과 협업해서 **깨달음** 포토프레임을 선보이거나, 퀴어 퍼레이드에 참여하는 동국대 성소수자 동아리에 '무지개 **깨닫다**' 버전을 만들어 후원하기도 했다. 해탈컴퍼니는 세상 어디에도 없던, 힙한 방식으로 MZ세대와 공명하는 것이다.

"절에 살다 보니까 '수행정진한다' '묵언수행한다' 이런 말들이 익숙하게 체화돼 있었어요. 스님도 종종 불교 용어를 활용한 드립을 많이 치세요. '각각등보체(各各等保體)'란 말은 축원할 때 쓰이는 말이에요. 스님이 저희 남매가 각각 뭘 해야 하면 '각각등보체로 하면 돼' 이러셨는데, 그게 너무 재미있는 거예요. 그런 것들이 자연스럽게 불교 굿즈 문구로 이어진 것 같아요."(주여진)

"창의성은 남들이 생각하지 못한 걸 생각해 내는 게 아니라 기존에 내가 좋다고 생각하는 걸 어떻게 표현하느냐에 달린 것 같아요. 단지 제 취향을 표현했을 뿐인데 거기에 파장이 맞는 사람들이 공명하게 된 거죠."(주현우)

여진 씨가 고등학교 1학년일 때 강원도 원주로 이사 왔다. 10년 동안 비어 있던 한 폐가를 얻어, 가족들이 다 같이 직접
수리해 가정집과 법당을 만들었다. 지금도 손으로 회벽을 바르고 손도장을 찍은, 그때의 흔적이 그대로 남아 있다.

개큰지혜 (마하반야바라밀)

남매에게는 독특한 가정환경이 있다. 아버지 태현 스님은 두 번 출가했다. 이 과정에서 '스님'이었던 아버지는 '아빠'에서 다시 '스님'이 됐다. 어머니에게는 '절 오빠'에서 '스님'이 됐다가 '남편'이 됐고, 다시 '스님'이 됐다.

"일반적으로 세속에서 승속으로 가야 출가라고 하잖아요. 저는 승속에서 세속으로 나오는 것도 출가와 똑같다고 생각합니다. 승가라는 수행 시스템 속에서 선정의 높은 수준의 **깨달음**을 얻었다 한들 저 복잡한 세상에 갔을 때 흔들린다면, 아예 복잡한 데서 수행해 보자고 마음먹었어요. 그래서 출가한 지 5~6년 됐을 때, 세상으로 나와 결혼을 했죠. 이후 태고종으로 다시 출가하면서, 세속에서 **깨닫겠다**고 한 목표가 완전히 방향을 잡게 됐죠. '이렇게 하면 세속에 있으면서도 얼마든지 **깨달을** 수 있겠구나' 느꼈어요."(태현 스님)

은사스님께 "저잣거리에 나가서 삼매, **깨달음**을 추구하겠습니다"라고 말하고 세속으로 나왔다. 건축학과 전공을 살려 건설회사에 들어가서 직장 생활을 했다. 출가 전 불교학생회를 하며 인연이 된 후배를 만나 결혼했다. 프로포즈는 "우리는 같이 수행자의 길을 간다, 다시 출가해도 반대하지 않는다"였다. 흔쾌히 '오케이' 승낙을

들고 결혼해 아이를 낳았다. 직장 생활을 하고 아이를 양육할 때도 항상 **깨달음**을 얻겠다는 자세로 수행했다. 그리고 아이가 8세·6세 때, 태고종으로 다시 출가했다.

남매는 태현 스님의 태고종 은사스님 인연으로 충북 음성에 있던 한 절에서 자랐다. 여진 씨가 고등학교 1학년, 현우 씨가 중학교 2학년일 때 지금의 원주 행복자비선원으로 왔다. 당시 수중에 돈이 없던 태현 스님은 10년 동안 비어 있던 폐가를 얻어, 가족들이 다 같이 직접 수리해 가정집과 법당을 만들었다. 지금도 손으로 회벽을 바르고 손도장을 찍은, 그때의 흔적이 그대로 남아 있다.

"작년에 한 매체와 인터뷰할 때 스님이 '가난하게 살았다'라고 얘기하시더라고요. 그때 처음 알았어요. 우리가 어렵게 살았다는 것을요. 그런데 저는 단 한 번도 가난하다고 생각한 적이 없어요. 저희 남매에게는 어렸을 때의 기억이 모두 다 재밌고 좋은 추억으로 남아

있어요."(주여진)

"저는 초등학교 때부터 집에 돈이 없는 줄 알고 있었어요. 그래서 장학금같이 제가 쓸 수 있는 돈이 생겼을 때 가장 먼저 돈 쓰는 연습을 했어요. 갖고 싶어도 못 가지는 게 있다는 것을 어렸을 적부터 알았으니까요. 우리 집에 돈이 없었다는 게 내심 불만이기도 했는데, 어쨌든 그냥 다 받아들이고 아끼면서 살았어요. 저는 아직도 닌텐도를 가져본 적이 없어요(웃음)."(주현우)

"아이들을 경제적으로 남부럽지 않게 키워야겠다, 이것은 썩 좋은 생각이 아니라고 봐요. 부모와 아이 간의 소통이 잘 되고 즐겁고 행복하면 충분히 아이들의 행복 지수가 높아져요. 그걸 잘 자라준 저희 아이들을 보면서 실감해요."(태현 스님)

남매가 '**깨닫다**' 티셔츠를 만든 배경에는 태현 스님의 교육 철학이 깊게 깔려 있다. 스님은 아이가 흙을 먹거나 다치는 경험까지도 성장의 일부로 받아들이게 했다. 남매는 이런 주체적이고 자유로운 환경에서 창의성을 키웠다. 스님은 양육 환경에서 무엇보다 가장 중요한 건 자녀에게도 전해지는 부모의 긍정적인 마음가짐과 밝은 파동이라 여겼다.

"아이를 기를 때도 수행을 통해 **깨달은** 것들을 적용했어요. 수행으로 저의 의식 상태가 변화돼 마음의 파동이 밝아지면 그게 아이들에게까지 전해지며 좋은 영향을 미친다고 믿었거든요."(태현 스님)

"어렸을 때부터 무언가를 시도하면 부모님은 거기에 대해 부정적인 피드백을 잘 하지 않으셨어요. 그래서 뭔가를 '좋다'라고 표현할 때 '안 돼'라는 억압된 생각이 남들보다 적고 자유로웠죠. 요즘 제 주변의 친구들은 내가 옳다고 여기는 걸 시도하는 것 자체를 무의식적으로 두려워하고 제어하는 것 같아요."(주현우)

"스님이 저희에게 해 온 교육 방식이 창의력 형성에도 큰 도움이 된 것 같아요. 스님은 아름답지 않은 것에 대해서 아름답다고 해 주거나, 다른 사람들 눈엔 별로인 것들을 조금 다른 관점에서 바라보게 해 주셨어요. 그래서 사물이나 현상들을 좀 더 새로운 관점에서 보게 된 것 같아요."(주여진)

어렸을 때부터 이런 새로운 관점과 따뜻한 시선을 훈련해 온 덕분일까. 남매는 다른 영역에서도 두각을 나타냈다. 현우 씨가 2019년 경북대에 입학해 불교동아리에 갔을 당시 활동하던 회원은 6명뿐이었다. 군대를 다녀온 현우 씨가 2022년부터 동아리 회장을

해탈컴퍼니 공동대표
주여진(30) 씨

058

여진 씨는 서울·부산·대구
불교박람회에 참가하며,
불교문화를 대중들에게
재밌고 힙하게 알리고 있다.

"『금강경』에서 원래 갖고 있는 생각이나
고정관념들을 깨라고 하잖아요. 불교도 항상
네가 갖고 있던 생각들을 내려놓고 다른
생각을 해 보라고 하고요. '깨닫다!'를 보면
느낌표가 살짝 밖으로 나와 있어요. 너의
프레임을 깨보라는 의미예요."(주여진)

깨닫다!

주여진·주현우 남매는
2024년 4월 4일 해탈컴퍼니를
설립했다. 원주의 오랜 집이었던
행복자비선원 근처에 작업실을
냈다. 거기서 디자인에서부터
제품 제작, 판매 발송까지 손수
도맡아 하고 있다.

태현 스님은 '정신적 지주'로 해탈컴퍼니 공동대표인
남매의 멘털 케어와 트레이닝을 담당하고 있다.
사실 '응 수행 정진하면 돼', '수행중', '묵언중'과 같은
언어유희는 스님으로부터 유전된 것인지 모른다.
어렸을 때부터 절 생활을 해 온 남매는 불교 의식 속
표현들이 익숙했고, 그걸 창의적이고 일상적인
농담으로 변주하는 놀이를 곧잘 했다.

맡으면서 회원은 1년 6개월 사이에 200명으로 늘었다.

단지 학생들이 동아리방에서 편하게 쉬면서, 자신이 느낀 불교의 따뜻함과 평안함을 느꼈으면 했다. 대구경북지부장을 거쳐 2024년 대불련 중앙회장이 됐을 때도 "같은 또래의 친구들이 덜 아파하고 삶에서 행복을 느끼길 바라는 마음"은 한결같았다. 동아리의 활성화는 시절 인연이었을 뿐 자신이 한 일은 거의 없었다고 겸손하게 말하는 현우 씨를 대신해 태현 스님이 말을 보탰다.

"핵심은 가정의 회복이에요. 현대 사회는 가정의 기능을 다 상실했어요. 가정에서의 결핍이 해소 안 되기 때문에 어디선가 그걸 충족하려고 하는 거죠. 현우가 집에서 당연히 느껴야 하는 그런 편안함을 동아리 회원들에게 제공해 준 거예요. 중앙회장이 됐을 때도 전국 절 경연대회 같은 재밌는 아이디어를 들고 와 저와 많이 상의했어요. 경북대에서 한 것처럼 아이들을 행복하게 만들어 주는 프로그램들을 구성하려고 많이 노력한 거죠."(태현 스님)

응~ 수행정진하면 돼~ (묵언중) 수행중...

물론 남매의 성장 과정에서 부침이 아예 없었던 것은 아니다. 여진 씨는 대학교에서 미디어콘텐츠학을 전공하고 졸업한 뒤 한동안 방황하며 심한 무기력증에 빠졌다. 졸업 후 무엇을 해야 할지 모르겠는 막연함에 2년 동안 하루 종일 방에서 나오지 않고 침대에만 누워 있었다. 졸업 후 카페 아르바이트, 영상기획자, 모델, 인테리어 용역 등 닥치는 대로 계약직 일을 해봤지만 미래가 그려지지 않았다. 이후 백수 생활이 길어지면서 어느 날부턴가 공황 발작처럼 계속 눈물이 나고 극심한 불안증에 시달렸다.

(묵언중)

"마음을 진정할 수 있는 모든 걸 다 해봤어요. 법당에 가서 108배도 하고, 공원 가서 막 뛰기도 하고, 부처님 말씀도 듣고 다 해 봤는데 쉽게 나아지지 않았어요. 그래서 동굴 안에 있듯 굉장히 오랫동안 방에서 잠만 잤어요. 제가 잠을 너무 많이 자니까 한 번은 스님이 이제 일어났냐고, 오늘도 침대 과학 연구하느라고 고생 많았다고 하셨죠. 왜 에이스 광고에서 '침대는 과학이다'

서울·부산·대구 불교박람회 해탈컴퍼니 부스에는 물론, 팝업스토어에도 찾아오는 팬들이 생겼는데, 남매는 그 팬들을 "명예 사원"이라 부른다. 앞으로 그 명예 사원들과 함께하는 행사와 이벤트를 기획해 보고 싶다.

해탈컴퍼니는 젊은 세대에게 친근하게 다가가기 위해 밈을 활용한 다양한 언어유희를 선보인다.

해탈컴퍼니 공동대표
주현우(28) 씨

"사람들이 이렇게나 많이 해탈컴퍼니를 사랑해 주는 게 가끔은 이해 안 될 때가 있어요. 제가 겪었던 불교는 사랑과 자비였고, 제 마음을 항상 편안하고 즐겁게 해 줬으니까 단지 그걸 나누고자 했을 뿐이었어요."(주여진)

나사랑클럽과 콜라보한 '무지개 깨닫다' 티셔츠, 불광출판사의 신간 『홀연히 깨어나는 신심명』의 '깨어나다 티셔츠' 등. 해탈컴퍼니는 다양한 단체와 협업하며 '깨닫다' 보시를 실천하고 있다.

"무엇을 깨닫기 위해서 어떤 걸 추구하는 게 아니라, 자신을 가두고 있던 틀만 깨면 바깥세상과 만나게 돼요.
그냥 껍질만 깨고 나와 세상과 닿으세요. 그게 바로 깨달음이 아닐까요."(태현 스님)

그러잖아요. 보통 부모님 같으면 '언제 취직하려고 그러냐, 그렇게 살면 안 된다' 이렇게 얘기하실 법도 한데 오히려 스님은 '너 나중에 더 바빠지려고 지금 잠 많이 자는 거다'라고 얘기해 주셨죠. 저는 누가 뭐라고 하면 오히려 더 회피하는 성격인데, 스님께서는 방황하고 있던 절 묵묵히 기다리고 많이 믿어주셨죠."(주여진)

어떤 마음으로 여진 씨를 기다렸냐는 질문에 스님은 "분명히 스스로 극복하고 나올 거라는 믿음이 있었다"고 말했다.

"여진이의 무기력한 모습을 지켜보면서 개인적으로는 제가 아이들을 교육한 방식이 틀렸나, 이런 회의감 같은 게 들었어요. 하지만 확신이 있었어요. 분명 부처님 가르침과 수행 원리에 따라 최선을 다해 아이들을 양육했기 때문에 아이가 잠시 힘든 모습을 보이더라도 분명 다시 일어설 것이다, 라고요."(태현 스님)

여진 씨가 동굴에서 긴 겨울잠을 잔 뒤 한껏 기지개를 켤 수 있었던 결정적인 계기가 있다.

"어느 날 정말 이 생활을 더는 하고 싶지 않아서, 법당에 가서 108배 하면서

중생아 사랑해

간절하게 기도했어요. '부처님 제발 이 생활을 끝내게 해 주세요. 사람들을 위해서 정말 열심히 할 테니까, 제가 이렇게 한심하게 사는 거 정말 끝내게 해주세요. 정말 저한테 기회를 한 번만 주세요.' 그렇게 간절하게 기도를 드리고 나서 얼마 뒤, 스님이랑 현우랑 같이 불교박람회 **'깨닫다'** 티셔츠를 만들게 됐어요."(주여진)

불교박람회에서 **'깨닫다'** 티셔츠를 좋아하는 사람들을 만나면서, 여진 씨는 **깨달았다.** '불교를 좋아해 주는 사람이 이렇게나 많구나! 내 재능을 펼칠 곳은 불교 쪽이다!'라고.

긍정과 사랑 중생아 사랑해

여진·현우 남매는 표정에서부터 말투, 행동 하나하나까지 '긍정과 사랑'이 배어 있었다. 그늘 하나 없는, 티 없이 맑다는 건 이런 느낌일까. 이런 긍정과 사랑의 힘은, 남매의 말마따나 "스님께서 그동안 저희를 위해서 계속 공덕을 쌓아주셨기 때문"에 생긴 것일까. 남매는 입을 모아 강조했다. "불보살님과 모든 사람의 덕으로 우리가 잘 자랐기에 어떻게 하면 많이 베풀 수 있을까를 늘 고민한다"고.

"제일 좋아하는 디자인 중 하나가
'중생아 사랑해'예요. 내가 중생이라는
것 자체만으로도 '사랑해'란 말을 들을
자격이 충분하죠. 사람들이 남긴 리뷰를
보면, '사랑해'라는 말을 들은 게 너무
오랜만이라는 거예요. '응 수행 정진하면
돼', '**깨닫다**', '중생아 사랑해' 모두 그저
위로하며 사랑을 전달하고 싶어서 기획한
것들이에요. "(주여진)

스님과 두 대표는 해탈컴퍼니를 통해 궁극적으로
"인류의 정신적 의식의 진화"까지 이루고자 한다.
이를테면 대승 보살의 서원처럼 해탈컴퍼니와
인연이 된 모든 사람의 괴로운 마음을 위로하고
행복하게 만들어 주고 싶다.
　서울·부산·대구 불교박람회 해탈컴퍼니
부스에는 물론, 팝업스토어에도 찾아오는 팬들이
생겼는데, 남매는 그 팬들을 "명예 사원"이라
부른다. 앞으로 그 명예 사원들과 함께하는
행사와 이벤트를 기획해 보고 싶다.

"사실 사람들이 이렇게나 많이
해탈컴퍼니를 사랑해 주는 게 가끔은
이해 안 될 때가 있어요. 제가 겪었던
불교는 사랑과 자비였고, 제 마음을
항상 편안하고 즐겁게 해 줬으니까
단지 그걸 나누고자 했을 뿐이었어요.
2,600년 전 부처님께서 중생의 괴로움과
고통을 덜어주었듯, 그게 불보살님의
염원으로 이어져 내려와 아마도 저라는

사람을 통해서 화현(化現)된 게 아닐까
싶어요. "(주여진)

"계란은 껍질이 깨지기 전부터는 그
안의 흰자와 노른자가 세상의 전부인 줄
알아요. 그런데 껍질에 균열이 생기면서
깨지는 순간, 세상과 맞닿게 돼요.
그러니까 무엇을 **깨닫기** 위해서 어떤
걸 추구하는 게 아니라, 자신을 가두고
있던 틀만 깨면 바깥세상과 만나게 돼요.
그러니 우리가 해야 할 일은 지속적으로
나의 고정관념, 프레임을 깨는 일만 하면
돼요. 그렇게 만나게 되는 그 세계는,
자신이 알고 있던 흰자와 노른자뿐인
세계와는 전혀 다른 세계죠. 그냥 껍질만
깨고 나와 세상과 닿으세요. 그게 바로
깨달음이 아닐까요. "(태현 스님) ●

해탈컴퍼니
haetalcompany.cafe24.com
───────────────
인스타그램 @freefromburnnae
태현 스님
인스타그램 @taehyunseunim
유튜브 @태현스님tv
───────────────

나는 절로,
불교는 내게로

특집. 스님 불교 재밌나요?
글. 하다해
사진. 유동영

시절 인연 속 우리의
역할은 '무심한 환대'

– 대한불교조계종 기획실장 묘장 스님

'불교 또 나만 빼놓고 재밌는 거 하네', '불교 MZ하다'…. 최근 불교는 젊은 세대에게 '뭔가 재밌는 걸 한다'는 인식과 함께 '나도 한번 가/해 볼까' 하는 마음이 드는 대상이다. 이렇게 되기까지 불교의 '노잼' 이미지를 조금이라도 더 가볍고 즐겁게 만들기 위한 수많은 노력이 있었다.

일각에서는 이런 비격식화 자체를 못마땅해 하거나, 대중의 관심이 일시적이라는 우려를 표하기도 한다. 그러나 변화하는 세상 속에 불교만 그대로 머무르는 것이 가능할까? 일단 불교를 접할 기회가 많고 의지가 생겨야, 더 깊이 알아볼 마음도 자라지 않을까? 〈나는 절로〉의 '커플 매니저', '부처님 생신카페'의 연화사 주지, 에세이집 『인연 아닌 사람은 있어도 인연 없는 사람은 없다』의 저자, 국제구호NGO 더프라미스 이사장, 조계종 사회복지재단 대표이사를 거쳐 지난 8월부터는 기획실장으로. 수많은 변화를 겪은 묘장 스님은 부처님 가르침이 굳건히 서 있는 한, 불교가 어떤 모습으로 다가가든 사람들은 그 가치를 알아볼 것이라고 믿는다. 9월 초, 서울 연화사에서 묘장 스님을 만났다.

이웃집 토X로, 아니 이웃 절 묘장 스님

묘장 스님이 주지로 있는 연화사는 붐비는 대학가에 있으면서도 조금 숨겨진 듯한 느낌이 드는 절이다. 삼면이 경희여중·여고, 초등학교, 경희대에 둘러싸인 탓이다. 개인적으로 경희대 근처를 오갈 일이 많았는데도 인터뷰를 위해 지도를 찾아 보고 '여기에 절이 있었다고?'라는 생각이 들 정도였다면 대강 짐작이 갈 것이다.

그렇지만 연화사를 찾는 방법은 의외로 쉽다. 경희대 정문 왼편 약국 골목으로 꺾어 들어가 의료원과 장례식장을 지나 '정말 이쪽에 절이 있다고?' 하며 애먼 지도를 의심하다 오른쪽으로 고개를 돌리면, 높은 회색 건물들 사이 선명한 신록빛이 눈을 사로잡는다. 2층 규모의 대웅보전이 바로 보이는 연화사는, 스님이 처음 이곳에 온 30년 전엔 "두어 채 있던 법당도 열 평이 안 되는 굉장히 작은 규모"의 사찰이었다. 주변 건물이 점점 올라가니 '이대로 있다간 우리가 아주 왜소해지겠다' 싶어 불사를 거쳤다고 한다.

그래도 초등학교부터 대학까지 모두 모인 주변 환경 덕분에 전국 사찰 중에선 MZ세대와 접촉할 일이 손꼽히게 많지 않을까? 스님은 "옛날 모습 그대로였으면 힘들었을 텐데, 노력을 많이 했다"고 설명했다.

"경희여중이랑 여고에 후문이 없고 정문만 있었는데, 그쪽에는 언덕이 있어서 학생들이 다리 굵어지는 '무다리 고개'라고 불렀어요. 후문이 있을 자리에 연화사가 있는데, 10년 전쯤 운동장 짓는다고 학교와 절 사이 축대를 헐자길래 그 김에 후문도 만들자고 했어요. 그랬더니 학생들이 '이제 무다리 고개를 안 넘어도 된다' 하고 다 후문으로 오더군요. 지금도 중고등학교 학생들은

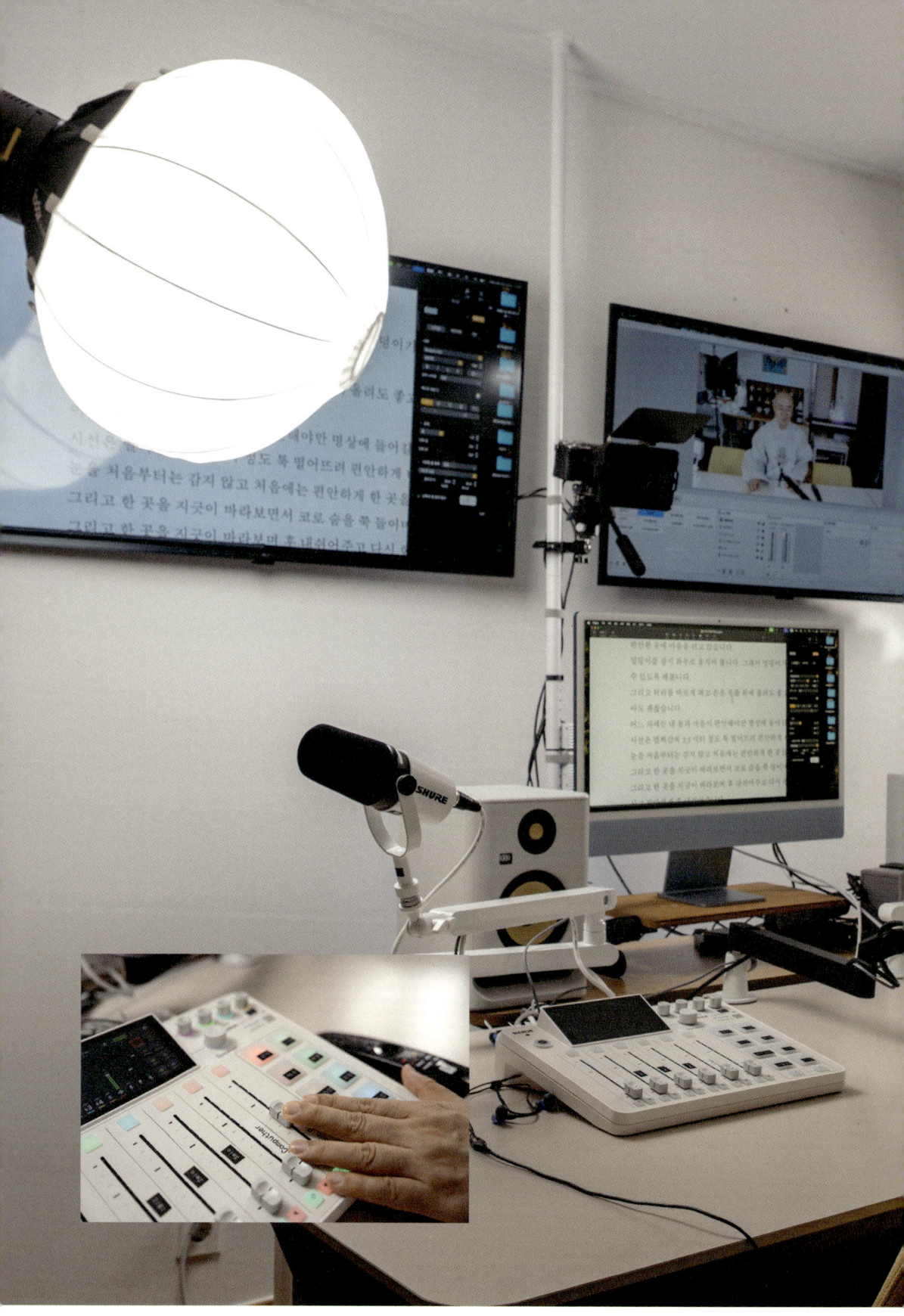

연화사 한쪽에 자리한 스님의 사무실 모습. 전문 유튜버 내지는 라디오 DJ를 방불케 하는 구성이다.
스님은 이곳에서 라이브 방송 등을 진행하며 대중들과 소통의 폭을 넓히고 있다.

대부분 이쪽으로 다녀요. 대학생들도
다니고.
원래 우리 절에 청년회가 없었어요.
그런데 제가 문이 생기고 스님들한테
숙제를 냈죠. 젊은이들이 오면 먼저 말도
걸고, 도와줄 건 없는지 물어보라고.
[기자: 스님들 그런 거 정말 안 하고 싶어하실 것
같은데요.] 어우, 안 하지(웃음). 나부터 할
테니까 무조건 해라, 이렇게 말하고 딱
시작하니까 6개월이 채 안 돼서 청년회가
결성됐어요. 청년들과 소통하려고 노력을
하자마자 효과가 나왔죠. 또 '청년밥심'
하면서도 밥 먹으러 왔다가 절이 있는 걸
알게 된 학생들도 생기고, 청년회 가입
신청도 하고."

지난해 6월 조계종 사회복지재단이 시작한
'청년밥心(심)'은 학기 중 경희대를 포함한 인근
대학생들에게 무료 점심 식사를 지원한다.
주에 한 번, '절밥'을 먹으러 학생들이 연화사
공양간을 찾아온다. 올 상반기에는 비슷하게
대학가 인근에 위치한 홍대선원과 상도선원,
개운사에서도 진행했다.

"경희대에 〈불교 행복론〉이라는 특강을
하러 갔더니 그 수업 교수님이 '학생들
생활이 쉽지 않다, 매일 편의점에서
삼각김밥으로 때우더라' 하시더군요.
그래서 학생들 몇을 데려다 공양간 밥을
주고 맛이 어때요? 하니까 '집밥 같아요'

하는 겁니다. 나물 반찬 같은 게 오히려 외식으로 먹기 힘들다고. 그 말을 들으니 관세음보살님 자비의 품 같은 따스함을 우리가 음식으로 제공할 수 있겠다, 그런 생각이 들었어요."

거침없이 우린 변화하지

2005년, 연화사 주지를 맡게 된 묘장 스님은 어쩌다 길 잃은 이들만 우연히 찾아오는 골목 끝 절 상황에 고민이 많았다. 절이 알려졌으면 하는 마음은 굴뚝같은데, 그렇다고 절 자체를 광고하긴 민망했던 차에 어떤 방법이 떠올랐다. 그렇게 스님은 연화사에 문화센터를 만들고 요가, 댄스 등 12개 수업을 열어 신문이며 아파트에 광고를 돌린다.

신도들의 반대는 없었는지 묻자 물론 있었다고 하면서도 스님은 "제가 그렇게 경청하는 타입이 아니거든요"라며 웃어 보였다. 잊힌 절이 되지 않기 위해 '뭐라도 해야 한다'는 마음이 더 강했다. 그래도 막상 문화센터가 열리니 생각보다 사람들이 많이 왔다. "그때 오신 분들이 지금까지도 절에 나오세요."

"성격이 급한 편이라 뭐든 빠르게 진행을 시킨다"고 말하는 스님은 〈나는 절로〉의 성공에도 큰 영향을 미쳤다. 이 프로그램의 전신은 2008년부터 존재했던 '만남 템플스테이'로, 2022년까지만 해도 참여율이 너무 낮아 재단 직원들을 참가자로 투입시켜야 할 정도였다.

日日是好日
일일시호일

시절 인연

時節因緣

사실상 폐지 직전이던 프로그램의 제목을 TV 예능 〈나는 솔로〉에서 따온 이름으로 바꾸는 것에 흔쾌히 찬성한 스님은 구성도 거침없이 수정했다. 1박 2일의 짧은 시간 사이에 참가자들이 서로를 알아갈 기회를 충분히 주기 위해 템플스테이에서 으레 하던 교육이나 새벽 기도를 과감히 빼고, 취침시간도 뒤로 늦췄다.

"사실 저는 〈나는 솔로〉 한 편도 온전히 본 적이 없어요. 다만 참가하신 분들을 잘 관찰하죠. 원래는 참가자들이 절에 오자마자 템플스테이 수련복으로 갈아입었어요. 그런데 하루는 어느 분이 머리부터 발끝까지 풀 세팅을 하고 오신 거예요. 미용실도 다녀오고, 옷도 너무나 정갈하고 깨끗하게 입고 오셨어요. 그때 그분을 보고 '아차' 했습니다. 자기 매력을 어필할 만반의 준비를 갖추고 오신 분들한테 우리가 '무장 해제'를 시켰구나, 싶었죠."

기왕 하는 거 재밌게 하자

스님이 이사장을 맡고 있는 국제구호NGO 더프라미스의 사무실은 서울에서도 가장 빠르게 트렌드를 반영하는 성수동에 자리해

있다. 온갖 브랜드의 팝업 스토어(유행이나 특정 행사에 맞춰 짧은 기간 운영되는 임시 매장)와 더불어 세 걸음마다 자리한 카페에서 흔히 보이는 게 '생일 카페(좋아하는 연예인이나 캐릭터의 생일을 기념해 팬들이 1~3일간 사진과 현수막 등으로 가게를 꾸미고 굿즈를 나누기도 하는 이벤트)'다.

이런 풍경을 일상처럼 봐온 묘장 스님은 더프라미스가 매해 준비해 온 부처님 오신 날 기념 모금 행사도 "그냥 할 게 아니라 재밌는 이벤트를 같이 하자, 생일카페 그거 하면 어떻겠냐"고 제안했다. 그렇게 연화사 경내 카페에서 '부처님 생신 카페'가 열렸다.

1

4

"마침 더프라미스 직원들도 그런 걸 워낙 잘 알고 있어서 준비는 잘 됐어요. 2024년에 처음 시작했을 때는 언론에서만 많이 찾아오고 사람들은 별로 안 왔죠. 요즘 TV 보는 젊은이들이 없잖아요.
그런데 올해는 '비구니연습생'이라는 유튜버가 온다길래, 제가 먼저 사진 몇 장을 보내줬어요. 그랬더니 이 친구가 트위터(현 엑스)에 사진을 올리면서 '불교 덕후로서 안 가볼 수 없지' 이렇게 썼어요. 그걸 '깨닫다!'로 유명한 해탈컴퍼니가 리트윗(공유)을 해 주고, 거기서 갑자기 (반응이) 빵 터진 거죠.
인터넷 커뮤니티며 인스타그램 매거진들이 다 올리고, 댓글도 어마어마하게 달리고. 기자들도 엄청

2

3

5

6

1 〈나는 절로〉 프로그램 중 참가자들이 손을 잡고 대화를
나누고 있다. (사진제공 조계종 사회복지재단)

2 '청년밥心(심)'을 진행하며 학생들에게 직접 배식하는
묘장 스님. (사진제공 조계종 사회복지재단)

3~6 연화사 경내 작은도서관을 겸하는 카페에서 진행한
'부처님 생신 카페' 모습들. '연꽃초코라떼'와 '약사여래
일회용 밴드' 등을 판매하고, 내부에는 포토존을 꾸몄다.
카페 앞에선 스님이 직접 법명(부캐)을 지어주는 '스님의
부캐 작명소'를 운영해 줄이 끊이지 않았다.

내
려
놓
음

와서 우린 처음에 '무슨 사고 났나?' 했어요.(웃음). 닷새 정도 했는데 한 2천 명 넘게 다녀갔죠. 상품들 다 빠르게 매진됐고, 올해 정말 잘 됐어요. '생일 카페 많이 다녀봤지만 여기가 탑 수준이다'라고 인정해주신 분도 있었죠. 내년엔 더 잘될 것 같아요."

이렇게 열린 자세의 스님도 〈나는 절로〉에선 '요즘 젊은이'들의 적극적인 모습에 놀랐다는 고백을 하기도 했다. 둘씩 손을 잡고 눈을 마주보며 대화하는 코너가 있는데, 서로 손을 잡으라고 하면 조심스럽고 쑥스러운 분위기가 되지 않을까 했던 스님은 "남녀 할 것 없이 덥석덥석 잡는 걸 보고 깜짝 놀랐다"며 웃음을 터뜨렸다. "내가 너무 옛날 사람인가?"

불교는 왠지 믿을 수 있고, '좋은 느낌'을 준다

"(문화센터) 댄스 수업 들으시는 분들은 거의 한 17년째 춤을 추고 계세요. 뭔가 하나를 17년간 할 수 있다는 건 놀라운 거 아니에요? 다른 프로그램들은 흥망성쇠를 거듭했는데 그 춤 수업만은 멈춘 적이 없이 계속되고 있어서 참 대단하다 생각합니다. 그런데 그분들 얘길 들어보니 '춤을 추고 싶어도 바람날까 봐 신랑이 안 보내줬는데, 절에서 한다니까 (절이면) 괜찮지 않겠나 하고 보내줬다'는 거예요.

〈나는 절로〉에 참여하는 분들도 다들 '절에 다니는 사람이라면 좋은 사람일 것이다'라고 기대하시는 것 같아요. 내면을 살피고 조용조용하고, 지혜로운 삶의 과정을 밟아가는 사람일 것이라고 생각하는 거죠."

좋은 사람 만나기가 쉽지 않은 시대다. 스님은 〈나는 절로〉를 '집값이나 연봉이 어떤지는 모르더라도, 좋은 사람은 만나게 해줄 수 있다'는 자신감을 갖고 시작했다고 한다. 그래서일까? 갈수록 늘어만 가는 신청자에 프로그램을 관리하는 실무자들의 고민도 나날이 깊어질 것 같다. 신청서 검토부터 여러 번 하며 꼼꼼히 보고, 요새는 영상 인터뷰도 한단다. 역대 최다 인원(총 2,620명, 여성 경쟁률 128:1)이 몰린 이번 '신흥사 편'에는 심지어 10대 학생의 신청서도 들어왔다고 한다(안타깝지만 이 친구는 성인이 된 후를 기약해야 했다).

이런 경험들을 통해 절과 불교가 쌓아 온 긍정적인 이미지의 힘이 크다는 것을 깨달았다며 "불교에 신뢰감을 가진 분들이 많다"고 말한 스님은, 한편으론 "내부적으론 여러 크고 작은 문제들이 있는데, 일반 대중들은 아무도 모르고 관심도 없더라"며 약간의 씁쓸함을 내비치기도 했다.
유사한 맥락으로 일각에서는 불교에 대한 대중의 관심에 '단지 재밌고 예뻐 보이는 것만 소비하는 것이 아니냐'는 우려를 표하기도 한다. 피상적인 요소만 취하고 불교의 전통이나 그 안의 가르침에는 관심이 없다는 것이다. 그렇지만 스님은 아직까지 '힙하다'는 이미지가 주는 장점이 더 크다고 보고, 사람들도 점점 더 깊이 관심을 가지게 될 것이라고 본다.

"우리 종무실장 딸이 이제 고1인데 그 아이 이름을 내가 지어줬어요. 걔가 친구들이랑 대화하다가 종교 얘기가 나와서 '난 불교야. 내 이름도 스님이 지어줬고 엄마도 절에서 일해' 하니까 애들이 놀라면서 절에 가보고 싶다, 구경시켜 달라고 여럿이 졸라서 정말 데려온 적도 있어요. 이런 일들이 기존 불자들에겐 큰 지지가 되기도 하고, 또 그런 (단순한) 이미지로 시작했더라도 이제 사람들이 실제로 절에 가보고 싶어 하는 단계까지 왔기 때문에, 불교에서는 오신 분들을 잘 응대하면 될 것 같아요."

따뜻한 무관심

모든 것이 시절 인연(時節因緣)이다. 이번 생에 불교를 만날 연이라면 가볍게 왔다가도 깊이 파고들게 될 것이다. 붙잡을 필요도, 강요할 이유도 없다. 연이 닿아 한 걸음 내디딘 이들을 불교는 어떻게 받아들이면 좋을까? 묘장 스님은 쫓기듯 살아온 사람들에게 불교의 '내려놓음'과 '강요하지 않음'이 위안을 준다고 봤다. "따뜻한 무관심이 필요한 세대"라는 것이다.

"자기가 주인이고 가장 우선인 시대예요. 다들 자존감도 높고 자기 결정권도 소중히 여깁니다. 절에서는 자유롭게 법당에 들어가 누구의 방해도 없이 조용히 자기만의 시간을 가질 수 있고, 갈 때 '왜 가냐'고 붙드는 사람도 없어요. 어떻게든 사람들을 끌어들이고 잡아당기는 마케팅의 시대에, 특히 종교라는 건 포교가 가장 중요한데도 불교는 '왔는가' '그래 가는가' 정도고 귀찮게 하질 않죠. 그게 오히려 더 존중받는 느낌을 주고, 절이 곧 머물 수 있는 공간이라는 인식을 주지 않나 합니다. 환영의 메시지가 없는 게 오히려 환영인 거죠."

스님은 그 계기가 어떻든 불교를 만난 이들이 "아무쪼록 이 안에서의 평화를 좀 찾을 수 있기를" 바란다.

"좋은 문구를 소비하는 것, 저는 백번 좋다고 생각해요. 왜냐하면 그걸 자꾸 떠올린다는 거잖아요. 그래서 그런 것들을 앞으로도 더 많이 소비해 줬으면 좋겠고 그 안에 담긴 부처님의 한 구절, '세상의 모든 것은 변한다' 이런 가치들을 알고 나면 그게 큰 희망이 되지 않을까 싶어요. 지금 당장 어렵고 힘들고, 어둠 속에 갇혀 있더라도 그건 변하는 것이고 영원하지 않으니까. 고정돼 있는 것이

따드스한 무관심

아니에요. 이런 불교의 가르침을 미래를
설계할 희망의 바탕으로 삼았으면
좋겠습니다."

스님의 작업실 한 벽면은 큰 책장으로 채워져
있다. 묘장 스님 자신이 책 세 권을 낸 저자이기도
하다. 인스타그램 계정을 통해서 그때그때 읽고
있는 책을 공유하고 추천도 받는 스님에게,
마지막 질문으로 책 추천을 부탁했다. 스님은
『매일매일 좋은 날(日日是好日)』●이라는
다도(茶道) 에세이를 소개했다.

● 모리시타 노리코 지음, 이유라 옮김, 알에이치코리아, 2019.

"수행과 무척 닮은 다도 이야기가
인상적이었어요. 다다미 하나당 몇

걸음을 걸어야 하고, 이런 어렵고
지루하고 무료하고 복잡난해한 과정들을
배우던 저자가 선생님한테 '이걸 왜
하나요' 하니까 선생님이 '글쎄' 합니다.
그런데 오랜 시간을 거쳐 그 모든 게 물
흐르듯 몸에 녹아나는 과정을 밟고 나니,
복잡한 과정 속에 다른 생각이 끼어들
틈이 없다는 걸 깨닫는 거죠.
그러니까 다도는 맛있는 차를 먹기
위해서라기보단, 도(道) 자가 붙은 이유가
있는 거예요. 그 모든 과정이 나를 명상에
들게 했다는 거죠. 차의 맛과 무관하게
나는 이미 모든 과정에서 온전하니
행복한 느낌을 받았다. 그래서 제목이
'일일시호일'이에요.
이 책을 〈나는 절로〉 하러 쌍계사 가는
날 아침에 열어서 절반을 읽고, 다음날
끝나고 돌아가는 길에 마저 읽었어요.
마침 뒷자리에 커플 성사가 안 된 친구가
있길래 선물하면서 '마음을 달래라'
했죠(웃음)." ●

힙불교를
진단하다

특집. 스님 불교 재밌나요?
글. 김세연

낡음이
힙이 되는 순간,
불교의 귀환

탈주술화 이후, 종교의 귀환

19세기 말 니체는 '신의 죽음'을 선언했다. 이는 서구 사회를 지배해 온 종교적 세계관이 붕괴하며, 이전의 도덕 체계가 무효화 됨을 뜻하는 것이었다. 근대 이전의 사람들에게 종교는 삶의 지도이자, 세계를 이해하는 틀이었다. 사람들은 질병에 걸리면 신이 벌을 내린다고 생각했고, 풍년이 드는 것도 하늘의 뜻에 달려 있다고 믿었다. 그런데 근대화가 진행되면서 상황이 달라졌다. 과학혁명의 영향으로 경험적 지식이 권위를 얻었고, 세계는 주술과 신비에서 벗어나 인간의 계산 속으로 편입됐다. 이러한 과정을 막스 베버는 '탈주술화'라고 불렀다.

그런데 최근 은퇴했던 신이 다시 돌아온 모양이다. 예배당의 절대자가 아니라, '부처핸섭'을 외치며 춤추는 힙스터 아이콘으로. 니체가 말했던 신이 기독교적 절대자였다면, 지금 우리가 이야기하는 신의 귀환은 다른 얼굴을 하고 있다. 불교는 초월적 신보다는 철학과 수행의 전통을 중심으로 하는 종교지만, 오히려 그 점이 현대의 젊은 세대에게 신선한 매력으로 작용하고 있다. 개그맨 윤성호는 '뉴진스님'●이라는 부캐릭터로 EDM과 불교를 결합한 이색적인 공연을 선보이고, 템플스테이가 MZ세대의 힐링 수단이 되며, 불교박람회●●에 대기 줄이 길게 이어진다. 버튜버 '불법스님'●●●이 온라인으로 천도재를 지내는 콘텐츠는 종교적 의례의 범주를 넘어 대중문화의 일부로 소비되기 시작했다.

불교는 낡은 전통의 틀을 벗어나, 젊은 세대가 향유하는 새로운 문화적 트렌드로 변신하고 있다. 한때 젊은 세대와 가장 거리가 멀 것이라 여겨졌던 불교가 뜻밖에도 '힙불교'라는 이름으로 재조명되고 있는 현상은 우리 사회에 새로운 자극을 불어넣는다. 첨단기술의 시대에 젊은이들은 왜 다시 불교에 눈길을 돌리는 것일까. 지금부터 '힙불교' 현상과 MZ세대의 가치관을 함께 들여다보자.

불안정한 시대에 '갓생(god+生) 살기'

근대의 핵심은 합리성에 있다. 사람들은 과학기술의 발달이 세상을 통제하고 예측 가능하게 만들 것이라 믿었다. 그러나 역설적이게도 현대 사회는 그 어느 때보다 예측이 불가능하다. 오늘날 젊은이들은 주거환경과 일자리 등 삶의 기본 조건에서 불안정함을 느끼고, 인간관계 같은 정서적 영역에서도 쉽게 흔들린다. 데이터와 통계가 넘쳐나는 시대이지만, 개인의 미래를 가늠하는 일은 더 어려워졌다. 경제 성장기를 보냈던 부모 세대는 '내일은 오늘보다 나을 것이다'라는 긍정적 전망 속에 살았기에, 종교적 위안이 덜 필요했을 수도 있다. 하지만 지금 세대는 성장 서사 자체가 붕괴된 시대에 살고 있어 불안이 훨씬 만성적이다.

반면 종교는 과학적 논리로 설명되지 않는 불안의 틈을 메워준다. 고용 안정성이나 집값 같은 문제를 데이터로 수치화하는 것은 가능하지만, '왜 나에게 이런 일이 생겼는가'

같은 근본적인 질문에 대답하기는 어렵다. 이런 설명되지 않는 영역을 메우기 위해 종교가 다시 의미를 갖게 된다. 젊은 층이 점술·사주 콘텐츠에 매혹되는 것 역시 같은 맥락에서 이해할 수 있다. 통제 불가능한 삶의 영역에서 초월적 존재에게 의지하고, 현실의 어려움을 위로받고자 하는 현대인의 심리와 공명하는 것이다.

그렇다면 왜 하필 불교인 걸까? 그 답은 MZ세대의 라이프스타일과 관련이 있다. '갓생'이라는 단어를 들어본 적이 있을 것이다. 갓생은 '갓(god)'과 '생(生)'을 합친 신조어로, 직역하면 신처럼 완벽한 삶을 살아간다는 뜻이다. 젊은이들은 매일의 루틴을 지키며 성실하게 사는 방식을 '갓생'이라고 부른다. 실제로 요즘 MZ세대는 비효율적으로 많은 인간관계와 술자리는 지양하고, 자기 자신을 위해 일찍 일어나고, 건강하게 먹고, 운동하는 삶을 추구한다. 이렇게 '루틴'을 만드는 행위는 막연한 불안을 극복하기 위한 방편이라고 볼 수 있다. 예측 불가능한 먼 미래의 목표를 좇기보다는, 당장 내 앞에 주어진 시간을 의미 있게 사용하는 쪽을 선택하는 것이다.

그런데 이러한 MZ세대의 라이프스타일은 의외로 불교의 수행과 닮아 있다. 템플스테이에서의 공양은 건강한 채식 밥상이 되고, 108배는 고강도 맨몸 운동으로, 명상은 스트레스와 집중력 관리 영역으로 스며든다. 불교가 강조하는 '집착을 버리고 비우는 삶'은 MZ세대가 추구하는 미니멀리즘과 맞닿아 있다.

불필요한 것을 덜어내고, 오롯이 나에게 집중해 효율을 극대화하는 '갓생'의 철학이다. 불교는 인스타그램에서 유행하는 보여 주기 식 갓생이 아니라, 자신을 돌아보며 내적 성장을 이뤄내는 진정한 갓생을 추구할 수 있게 한다. 바로 이 지점에서 불교는 힙한 유행을 넘어, 젊은 세대의 삶을 완성시키는 실용적인 도구가 되고 있는 것이다.

뉴트로 감성과 유머

MZ세대의 문화 코드를 관통하는 키워드 중 하나는 '뉴트로(Newtro)'다. 이는 단순히 과거를 추억하는 '레트로(Retro)'를 넘어, 예전 것을 새로운 감각으로 재해석하고 소비하는 경향을 의미한다. 한때 시대에 뒤떨어진 것으로 치부되던 불교는 이제 뉴트로 문화의 최전선에 서 있다. '뉴진스님'이 EDM에 불경을 섞어 〈극락왕생〉이라는 곡을 발표한 사례가 대표적이다. "월급이 안 올라서 고통, 물가가 올라가서 고통, 내 주식만 떨어져서 고통, 월요일이 빨리 와서 고통…" 불교의 핵심 교리와 MZ세대의 현실적인 고민이 결합된 이 노래는 뜨거운 반응을 얻었다.

키치(Kitsch)와 유머는 레트로 문화의 주요 요소다. '키치'는 원래 저속하고 천박한 취향을 의미하지만, 현대에는 의도적으로 엉뚱한 것을 가져와 미학적 효과를 발생시키는 것으로 이해된다. 불교의 낡은 감성은 젊은 세대들에게 새로운 미적 자원으로 소비된다. 이 과정에서 유머는 중요한 매개가 된다.

● 뉴진스님

개그맨 윤성호의 부캐로, 대한불교조계종에서 정식으로 '뉴진(New進)'이란 법명을 받아 활동하고 있다. 2023년 5월에 진행된 부처님오신날 연등 행사에서 한복을 입고 디제잉 퍼포먼스를 한 것이 SNS에서 화제가 됐다. 2023년 7월 EDM 장르의 디지털 싱글 앨범 '부처핸섬'을 발매해 불교계 행사뿐 아니라 국내외 다양한 행사에서 활발하게 활동 중이다.

권위적인 전통을 비틀고, 촌스럽다고 여겨지던 요소를 의도적으로 드러내면서 유머로 전환하는 것이다. 이는 진지하고 심각한 것을 부담스러워하는 MZ세대의 문화적 특성과 잘 맞는다.

2025년 서울국제불교박람회에서는 '부처님 출몰구역', '번뇌 정지' 같은 유머러스한 팻말들이 곳곳에 세워졌고, 관람객들은 '템플고시'라는 이름의 퀴즈를 풀며 불교 문화를 즐겼다. '묵언중' 티셔츠, '극락도 락이다' 키링, 서핑하는 부처님이 그려진 포스터 등은 불티나게 팔렸다. 심지어 개신교 신자가 불교 굿즈를 사 갔다고 한다. 이는 종교의 경계를 넘어 불교가 하나의 문화 밈(Meme)으로 소비되는 순간이자, 뉴트로와 키치가 만나는 정점이라 할 수 있다. 결론적으로, '힙불교' 현상은 MZ세대가 과거의 것을 창의적으로 재가공해 자신들의 정체성을 표현하는 방식이라고 할 수 있다.

누구나 머물 수 있는 편안한 쉼터로

MZ세대는 강한 위계나 규율에 거부감을 느낀다. 이들은 공동체의 필요성을 느끼면서도, 그 안에서 발생하는 텃세나 배타적 문화에 피로감을 느낀다. 획일적 가치를 요구하거나 신도로서의 의무를 강요하는 방식은 젊은 세대를 밀어내는 요인으로 작용한다. 이러한 맥락에서 불교가 가진 개방성은 MZ세대에게 새로운 대안으로 다가온다. 불교는 상대적으로 포용적이고, 다양성을 존중하는 태도를 보여준다.

불교는 법회 참여나 시주를 개인의 자율적인 선택에 맡기는 경향이 강하다. MZ세대는 자기가 원할 때 절을 찾는다. 물론 신도들에게는 법회 참석이 중요한 수행의 일부로 권장되지만, 빠진다고 해서 공동체로부터 배제되거나 비난받는 분위기는 상대적으로 적다. 보통 종교단체에서 진행하는 정기 모임, 봉사 활동, 수련회 등 다양한 활동들은 신앙심을 강화하고 구성원 간 친밀감을 형성하는 긍정적인 측면이 있다. 그러나 이것들은 많은 시간적, 감정적 투자를 요구하는 것들이기도 하다. 불교가 지닌 느슨한 공동체성은 MZ세대의 개인주의적 성향과 맞아떨어진다.

또한 MZ세대는 다양성과 개인의 정체성을 존중하는 태도를 지니고 있다. 지난 6월, 대한불교조계종 사회노동위원회는 성소수자들의 축제인 퀴어퍼레이드에 직접 참여하여 연대하는 모습을 보였다. 이는 모든 존재의 평등을 말하는 불교 본연의 가르침을 실천하는 것으로 인식됐다. 비록 조계종 전체의 공식적인 입장은 아닐지라도, 종단 내부에 존재하는 진보적이고 포용적인 목소리가 실제 행동으로 나타났다는 점에서 의미가 크다. MZ세대는 불교가 교리를 강요하는 딱딱한 종교가 아니라, 자신의 정체성을 지키면서도 안전하게 머물 수 있는 '편안한 쉼터'라는 인상을 받는다.

'힐링 콘텐츠'로의 축소와 본질의 탈색

'힙불교'가 MZ세대에게 새로운 문화적 활력을

●● 불교박람회

불교의 산업적·문화적 자원을 소개하는 전통문화산업 종합박람회다. 서울국제불교박람회는 불교와
관련된 건축·식품·도서·의류·공예 등 다양한 분야의 상품과 서비스를 한 자리에서 만날 수 있는
'불교문화산업전'과 불교 전통예술과 현대예술 작가들의 작품을 한자리에 모아 전시하는
'붓다아트페어'전을 운영한다. 또한 담마토크, 미디어아트 등 연계한 다양한 체험 행사를 마련해
관객 참여형 프로그램이 진행된다. 서울뿐 아니라 부산 국제불교박람회, 대구 불교문화엑스포 등도
매년 진행된다.

출처. 한타혜

불어넣고 있는 것은 분명한 사실이지만, 이러한 현상이 품고 있는 피상적 소비와 탈맥락화의 위험성 또한 간과할 수 없다. 불교가 본래 지닌 윤리적 성찰과 사회적 의미가 사라지고, 그저 즉각적인 위안을 주는 '힐링 콘텐츠'로만 소비될 수 있다는 우려가 제기된다.

과거부터 불교는 단순히 개인의 정신 수양만을 강조하는 종교가 아니었다. 석가모니는 당시의 계급 사회 문제를 비판하고 평등을 설파하며 사회 변혁을 이끌었고, 한국 불교사에서도 만해 한용운의 독립운동 참여, 민주화 운동 당시 승려들의 역할처럼 불교는 언제나 사회적 약자를 옹호하고 시대의 부조리에 맞서 싸워왔다. 불교의 핵심 사상인 연기(緣起)론은 모든 존재가 서로 연결돼 있다는 깨달음을 바탕으로, 고통의 사회적 원인을 이해하고 공동체적 과제를 함께 극복하기 위한 중요한 철학이었다.

그러나 '힙불교'는 이러한 종교의 사회 참여적 역할과 철학적 깊이를 상당 부분 덜어내고 있다. MZ세대는 불교의 잠언들을 유쾌하게 소비하지만, 그것들이 어떤 역사적, 철학적 맥락에서 나왔는지에 대해서는 깊이 궁금해 하지 않는다. '이 또한 지나가리'라는 명언이 단순히 위로의 문구로만 사용될 뿐, 그 안에 담긴 무상(無常)의 진리와 집착을 버리는 수행적 의미는 희미해진다. 불교의 가르침이 마치 스트레스 해소나 집중력 향상을 위한 '솔루션'처럼 취급되면서, 진정한 의미의 깨달음이나 자기 성찰은 부차적인 것이 되어버릴 수 있다.

힙불교 이후 남겨진 과제

사실 불교는 그 시작부터 '청년'과 뗄 수 없는 관계에 있었다. 싯다르타 태자는 20대 후반의 젊은 나이에 왕자의 지위를 버리고 출가해 삶의 근본적인 고통을 해결하려 했다. 권위와 틀을 거부하고 새로운 진리를 찾아 나선 그의 행보는 그 자체로 청년 정신을 상징한다. 초기의 불교 공동체 역시 당시의 계급 사회에 얽매이지 않고 진리를 갈망하던 젊은이들이 주축을 이뤘다(고미숙, 『청년 붓다』, 북드라망, 2022).

어쩌면 오늘날의 '힙불교' 현상은 불교가 가진 이러한 본질적인 '청년성'이 현대적인 방식으로 다시금 발현된 것일지도 모른다. 그러나 핵심은 이 젊은 에너지를 어떻게 담아내고 유지할 것인가에 있다. '힙'이라는 흥미로운 겉모습에만 머물러 불교의 깊은 철학적, 사회적 가치를 잃는다면, 불교는 대중문화의 빠른 변화 속에서 한때의 유행으로 전락할 위험이 크다. '힙불교'는 단순히 불교의 젊은 변신을 보여주는 것을 넘어, 본연의 가치를 잃지 않고 어떻게 청년들과 소통할 것인지에 대한 근본적인 질문을 던지고 있다.

갑작스레 우리 사회에 불어닥친 '힙불교' 바람은 분명 고무적인 현상이다. 그러나 이 현상이 단순히 이미지만 소비하고 사라질 일시적인 유행일지, 아니면 청년들과 함께 가는 지속 가능한 새로운 불교를 만들 수 있을지는 앞으로 지켜봐야 할 것이다. ●

_____ 김세연
문화비평가. 2019년 「쿨투라」 문화평론 부문 신인상으로 데뷔했다. 저서로는 문화비평집 『뉴미디어 시대, 콘텐츠를 읽다』, 소설집 『홀리데이 컬렉션』이 있다. 동국대학교에서 국어국문학 박사학위를 받았으며, 현재 동국대학교 서사문화연구소 전문연구원으로 재직 중이다. 대한불교청년회에서 만해백일장 조직위원장을 맡고 있다.

●●● 버튜버 불법스님

버튜버(버추얼 유튜버) '불법(佛法)스님'으로 유튜브와 네이버 스트리밍 서비스 치지직 플랫폼에서
인터넷방송을 하는 스님이다. 대한불교조계종에서 정식으로 출가한 스님으로 "본업은 스님이고, 방송은
포교의 일환으로 진행한다"고 밝혔다. 2025년 7월 9일 첫 방송에서 〈케이팝 데몬 헌터스〉에 등장하는
아이돌 그룹 '사자보이즈' 천도재를 지내 화제가 됐다. 덕질을 좋아하는 스님으로 "이미 훌륭한 불교
강의는 유튜브에 많으니, 저는 음지에서 여러분들을 양지로 밀어 올리는 역할을 하고 싶다"며 "불교와
스님에 대해 친근감을 느낄 수 있도록 하는 것을 목표로 한다"라고 말했다. 플랫폼에서 일요법회, 법담,
게임 방송 등을 진행하며 대중들과 소통하고 있다.

(사진 출처) 버튜버 불법스님이 유튜브 방송으로 진행한 '사자보이즈 천도재' 모습 및 '불법스님' 캐릭 포스터

'나'르시시스트의
절 사용 설명서

특집. 스님 불교 재밌나요?
글·사진. 박사

절,
좋아하세요?

"저도 절 좋아해요."

"여행 가면 절은 꼭 가야 한다" 주의자

지금 생각하면 전생 같지만, 신이 나서
스윙댄스(Swing dance)를 추던 시절이 있었습니다.
해외의 스윙댄스 관련 행사를 쫓아다닐 정도로
열성적인 적도 있었지만 지금은 멀어진 취미가
됐죠. 제행무상이랄까요. 하지만 저와 같은
시기에 입문해 함께 쎄쎄쎄 비슷하게 맞잡은
손을 흔들며 율동부터 시작했던 친구는 홀빡
빠져들더니 급기야 함께 춤추는 사람들을
모아서 댄스 그룹을 만들더군요. 평균 신장이
그리 크지 않은 소녀 세 명이 멤버인 '고만고만
시스터즈'는 당시 스윙댄스판에 찻잔 속의
폭풍 같은 아주 조그맣고 격렬한 화제를
불러일으켰죠.

　겨우 취미 활동일 뿐이었지만 당시
우리는 제법 구색을 갖추고 있었어요.
사이즈가 고만고만해서 그렇지. '고만고만
시스터즈'의 첫 번째 뮤직비디오를
찍으러 강화도로 간 것도 그런 '구색'의
하나였습니다. 춤출 사람, 촬영할 사람,
헤어·메이크업·의상을 담당할 사람,
진행을 도울 사람…. 그리고 제가 1박 2일의
일정으로 계획표를 짰습니다.

　모든 것이 순조로웠죠. 함께 먹을 음식을
장 보면서도 얼마나 계획적이었는지, 결국
남은 건 참기름 반병과 소금 한 통이었을
정도였어요. 술 한 방울, 고기 한 점 남기지
않고 알뜰하게 먹어 치웠죠. MT를 가보신
분이라면 이것이 얼마나 기적적인 일인지
아실 겁니다.

"여행을 가면 근처의 절은 꼭 가야 한다" 주의자.

이렇듯 잘 짜인 일정에서 유일한 오점은 저였습니다. 저는 침착하고 끈질기게 "석모도에 왔으니 보문사에 가야 한다"고 주장했습니다. 당시 저는 불교에 관심이 전혀 없었지만 "여행을 가면 근처의 절은 꼭 가야 한다"주의자였습니다. 일행은 제게 이것이 평범한 여행이 아니라는 걸 납득시키려 했지만 저는 집요했습니다. 결국 처음에는 웃어넘기려던 일행이 타협을 시도했습니다. "절에 내려드릴 테니 구경하고 오세요. 그동안 저희는 촬영하고 있을게요."

저는 혼자 꿋꿋하게 절을 구경했고, 제 일행은 바닷가에서 촬영을 했습니다. 둘 다 나름대로 즐거운 시간을 보낸 셈이죠. "우리 뮤직비디오가 성공하도록 부처님께 기도하고 왔다"고 저도 안 믿는 말로 침을 발랐고, 친구들은 믿는 척했습니다. 그렇게 그 여행은 잘 마무리됐습니다. 모두가 흡족했던 1박 2일이었죠.

그런데 그 뒤에 편집한 뮤직비디오 엔딩 크레디트를 보다가 뜻하지 않게 웃음이 터졌어요. 출연 누구, 촬영 누구, 헤어·메이크업·의상 누구, 하며 이름이 올라오던 끝에 제 이름이 있었습니다. 그 앞에 붙어있는 '역할'은,

"사찰방문: 박사"

그때까지만 해도 제가 이렇게 불교에 심취하게 될 줄은 몰랐는데, 지금 생각해보니 그때 이미 전조 증상이 있었구나 싶네요.

실상사 도법 스님과의 만남

불교에 그다지 관심이 없던 시절에도 절은 꽤 볼만한 구경거리였습니다. 신발 벗고 법당에 들어가는 일은 거의 없었지만 절 마당을 돌거나 서늘해 보이는 법당 안쪽을 기웃거리며 황금으로 된 부처님을 구경하는 맛이 쏠쏠했죠. 참 좋은 숲에는 꼭 절이 하나씩은 있잖아요. 여행을 가려면 근처에 절이 있는지 확인해 보곤 했습니다. 절 아래 사하촌에는 꽤 맛있는 식당도 많으니까요.

불교를 좋아하게 된 뒤에 만나는 분들은 불교가 화제에 오르면 꼭 한마디씩 거듭니다.

"저도 절 좋아해요."

세상에는 "불교도는 아니지만 절은 좋아한다"는 분들이 정말 많더군요. 저도 불교를 잘 모를 때는 그렇게 말하고 다녔습니다. **"저는 절 좋아해요."** 그랬더니 한 지인이 당연한 듯이 "그럴 줄 알았어요." 하시더군요. 왜 그렇게 생각하느냐 물었더니 **"나르시시스트시잖아요"**라는 답이 돌아왔어요. "저는 저를 좋아해요"로 들렸던 거죠. 둘 다 틀린 말은 아니네요.

하지만 그렇게 말하고 다닌 것 치고는 절 자체에는 관심이 없었습니다. 몇몇 유명한 절 외에는 이름도 잘 몰랐죠. 평소 철학에는 관심이 있어서 불교철학을 궁금해 하다 보니 어쩌다 생명평화 운동을 펼치셨던 도법 스님을 모시고 함께 공부하는 모임에 참가하게 됐습니다. 그러면서 '지리산 실상사'의 이름을 처음

들었습니다. 스님이 그곳의 '회주(會主)'시라는
말을 듣고 저는 순진하게 여쭸습니다.

"스님이 그 절을 지으신 거에요?"

회주가 무엇인지 몰랐던 저는 아마 건축주
비슷한 거로 생각했던가 봐요. 도법 스님은
당황한 표정으로 말씀하셨습니다.

"실상사는 천년고찰이야….
신라시대에 지어졌어…."

평소 스님이 '실상'을 너무 강조하셔서 그랬다고
궁색한 변명을 하기는 했지만 좀 계면쩍기는
하더라고요. 이후 공부 모임의 선배님들
뒤꽁무니를 쫓아 실상사에 가보니, 정말 좋은
곳이었습니다. '마을절'이라는 이름을 그때 처음
들었어요.
　　그날 우리 일행은 실상사의 차를 빌려서
타고 밥을 먹으러 나갔어요. 도법 스님은 운전석
옆자리에 앉으셨죠. 차가 천천히 지나가자
밭에서 일하던 사람들이 스님을 알아보고는
허리 펴고 일어나 합장을 했습니다. 굉장히
인상적이었어요. 어린 시절에 읽었던 동화책의
한 장면이 생각나면서 감격한 저는 외쳤습니다.
"영주님이다 영주님!" 그날 내내 스님을
영주님이라고 불렀지만, 스님은 전혀 개의치
않으시더군요.

"(도법 스님) 실상사는 천년 고찰이야….

↖ 스님방석 쓰면 안되는
것 뒤늦게 배웠음

신라시대에 지어졌어…."

좌충우돌 절 적응기

그때 이후 절은 각별한 의미를 갖게 됐습니다.
사람들이 살고, 생활을 누리고, 그곳을 중심으로
문화권이 형성되고, 일이 만들어지고, 멀고
가까운 사람이 오가는 실상이 보이기 시작한
거죠. 절은 더 이상 '관광지'가 아니었어요.

부작용이 있다면 절을 지나치게 친근하게
여기게 된 것이려나요? 실상사에서 월요일
저녁에 공부 모임이 있다는 얘기를 듣고 무작정
버스를 탄 날이 생각나네요. 마치 옆 동네에
가듯 가벼운 마음이었지만, 서울에서 지리산
실상사까지 편도 네 시간 반은 가혹했습니다.
지쳐서 터덜터덜 천왕문에 들어서니 막
저녁예불 종이 울리더군요. 씩씩하게 방문을
벌컥 열자 도법 스님과 실상사 식구들이
당황한 표정으로 저를 보았습니다. 아무에게도
연락하지 않고 찾아온 저를 위해 사람들은
급하게 머물 방을 준비해 주셨어요.

절 문화에 무지한 저는 다음 날도 계속
실수를 저질렀습니다. 새벽예불 보러 가서
오도카니 스님 방석 위에 앉아 있다가 쫓겨나고,
공양간에서 도법 스님과 함께 밥 먹겠다고 식판
들고 스님 자리로 갔다가 슬쩍 밀려났어요.
지금 실상사 공양간은 둥근 테이블을 두어 스님
재가자 구별 없이 함께 밥을 먹지만, 그때만
해도 예전 공양간에는 스님들 자리가 따로
있었거든요. 아는 스님이라고는 도법 스님밖에
없는 데다 그분께서는 원체 차별의식이 없던
분이셔서, 스님과 재가자를 분리하는 문화가
있다는 것도 눈치채지 못하고 있었던 거죠.

엎치락뒤치락하는 과정이 있었지만
어쨌든 저는 절의 매력에 그만 눈을 반짝
뜨고야 말았습니다. 마침 대한불교조계종
한국불교문화사업단에서 '만원의 행복'
템플스테이 행사를 한다는 소식을 접했어요.
제 일정과 절의 일정이 맞기만 하면 신청해서
달력을 빼곡하게 채웠습니다. 그때 절마다
제각각의 매력이 있다는 것을 알게 됐어요.
주머니 사정이 얄팍한 제게는 무척 좋은
행사였는데, 다음 해에는 '두배의 행복'이라는
제목으로 바뀌더군요. 두 배로 올랐어도
저렴하기는 했지만요.

그 과정에서 만났던 분은 한 달 동안
절에서 절로만 돌아다녔다고 했습니다. 어느
절에서는 요가를 가르쳐 줬고 어느 절에서는
사찰음식 시연을 해줬다며 어느 절 템플스테이
프로그램이 알찬지 정보도 줬어요. 그쯤 되면
출가라고 해야 하지 않을까 싶었습니다. 집에 갈
틈이 없어서 부모님에게서 실종신고 하겠다는
연락이 왔다고 한 게 마지막 소식이었는데,
지금은 어느 절에 계시려나 모르겠네요.

그런 제가 '우수 템플스테이 사용자'로 뽑힌
건 당연했습니다. 당연하다고 생각했습니다.
여러 가지 특전이 있었는데, 그중 하나는 다른
우수 템플스테이 사용자들과 함께 불국사
템플스테이를 한 것이었어요. 그곳에 가서
알았습니다. 이분들에 비하면 나는 아무것도
아니구나…. 그분들에 비하면 저는 그저 일주문
현판이나 닦고 있는 수준이었습니다. 겸허한
마음으로 그분들의 말씀에 귀를 기울였죠.

'우수 템플스테이 사용자'의 장비.

녹음기도,
동영상촬영기도
절때문에
살어요

흥미로운 건 생각보다 불교도가 아닌 분이 많다는 것이었어요. 다른 종교, 다른 신념을 가진 분도 편안하게 절에 머문다는 게 참 좋았습니다. 한 분은 낡은 차 한 대로 전국의 절을 건너다닌다더군요. 노후에 머물 집을 마련해야겠다고 했더니 스님이 "전국 사방천지에 있는 절이 다 네 집인데 뭐하러" 하셨다는 말씀이 인상적이었어요.

절을 집 삼을 만큼 빈번이 오간 것은 아니었지만 마음만 먹으면 좋은 곳에서 좋은 시간을 보낼 수 있다는 건 큰 기쁨이었습니다. 그중에서도 좋았던 건 절밥이 맛있다는 것이었어요. 신선한 채소와 찰진 밥, 따뜻한 구들장 위에서의 깊은 잠, 선선한 새벽, 예불, 산책…. 절은 언제 가든 편안했습니다. 스님들이 "쉼"에 대해 강조하시는 이유를 알 수 있었죠. '울력(대중이 함께 하는 노동)'조차도 쉼이 되다니. 참 신기하죠.

한동안 집에서 십 분 거리에 있는 동네 절에 새벽예불을 드리러 다니기도 했습니다. 명상도 하고 싶고 108배도 하고 싶은데 집이 좁았거든요. 스님들은 신도라고 하기도 애매한 제게 떡이며 쌀이며 김치를 거둬 먹이셨어요. 그때 느꼈죠. 스님은 절대 중생을 굶기지 않는구나.

절에서 지낸 반려묘의 장례
좋은 시절은 오래 가지 않았습니다. 한동안 절에 가지 못하는 암흑기를 맞게 됐어요. 저와 함께 스무 해를 살았던 고양이 스밀라가 노환으로 자리보전하고 누워버린 거죠. 겨우 한 줌밖에 안 되는 몸이었지만, 이 소중한 생명을 보살피기 위해서는 제 시간을 온통 쏟아야 했어요. 잠시 사람을 만나도 곧 일어나며 "노묘를 보살펴야 해서요" 하면, 다들 이해해 줬습니다. '노모'라고 잘못 듣는 분도 계셨지만 사실 큰 차이는 없었죠.

이전에 도법 스님과 죽음에 대한 이야기를 나눈 적이 있었어요. 스님은 당신의 장례로 봉분을 올리지 않는 '평장'으로 하고 싶다고 하셨죠. 비석도 없었으면 좋겠다 하셔서, "스님, 그래도 나무 하나는 심어주세요. 저희도 갈 곳이 있어야 하잖아요" 했더니 심상하게 "그래, 어떤 나무가 좋을지 생각해 보자" 하셨죠.

매일매일 작아지는 고양이 스밀라를 보면서 저는 도법 스님과 나눴던 대화를 떠올리지 않을 수 없었습니다. 내 장례식을 내가 결정하기는 어렵지만, 내가 사랑하는 존재의 장례는 내가 믿는 방식으로 치러줄 수 있지 않을까요? 그런 날이 오지 않기를 바라긴 했지만….

실상사가 있었던 덕분에 저는 차분하게 장례를 준비할 수 있었어요. 스밀라가 더 이상 눈을 뜨지 않았던 날, 저는 좋은 친구들과 함께 스밀라를 데리고 실상사로 내려갔습니다. 실상사 식구분들은 저와 스밀라를 따뜻하게 맞아줬습니다.

'좋은 절이 있어서 정말 다행이다,
그렇지 스밀라야….'

다독다독, 저는 실상사 짙푸른 숲에 스밀라를

실상사 절밥은 정말 맛있어요!

그리고 깊은 잠, 선선한 새벽, 예불, 산책….

데려다 수목장을 치러줬죠. 그래도 그사이에 절밥 좀 먹었다고 극락전 앞 '풀꽃밭'에 데려다 놓고 싶다고 떼를 쓰지는 못하겠더라고요. 봉분도 비석도 없이 두고 오려 했지만 아직 세속의 마음이 짙어서, 이후 조그만 비석을 깎았습니다. '묘꾸(묘지 꾸미기)'의 욕망을 버리기 어렵더군요.

절은 처음에는 생생한 삶의 현장으로 다가왔고, 이어 차분한 죽음의 공간이 되어 감싸줬습니다. 불교를 공부하면서 생과 사가 '즉해 있다', 즉 '맞닿아 있다'는 얘기는 수없이 들었지만 실감하지 못했는데 '절'이라는 공간이 직접 제게 보여줬어요. 나고 살고 죽는 그 모든 것이 자연스럽게 이뤄지는 곳. 그곳에서 저는

온전한 삶이란 무엇인가 생각할 수 있었습니다. 멀게만 여겼던 죽음이 삶의 공간에 편안하게 녹아 있는 것을 보다 보니 오랜 두려움이 하나씩 떨어져 나가는 게 느껴졌어요.

제가 참 좋아하던 개 '후추'가 죽고 마포 석불사에서 49재를 지낼 때도 다시 한번 실감했어요. 마포 석불사는 절밥이 맛있어서 좋아진 곳이었기에 음식에 관심이 많은 지인에게 추천했던 것인데, 결국은 그곳의 신도가 된 지인의 개 후추의 49재(사람이 죽은 지 49일 되는 날에 지내는 불교식 제사)까지 연결된 것이었죠. 지인은 혹시 개의 49재를 지내는 것이 다른 신도분들께 좋지 않게 보일까 봐 염려했지만 절은 모든 생명을 품는 너그러움을

절은 모든 생명을 품는 너그러움을 보여줬습니다.

후추가 좋아하던 간식들

보여줬습니다. 재가 끝나고 난 뒤에 먹는 밥도
맛있더라고요. '생생하게 살아 있는 죽음'이 말이
되려나요? 어쩐지 절은 그것조차 말이 되는 공간인
듯해요.

절이 이제 더 이상 제게 '관광지'가 아니라고 했지만,
지금도 여행지에 절이 있으면 꼭 한 번은 들릅니다.
예전과 차이가 있다면 절의 주인인 부처님께 꼭
삼배도 올리고 시간이 있으면 잠시 명상하기도
하는 정도일 테지요. 여행을 가면 여행지로, 묵으러
가면 집으로, 법문을 들을 때는 학교로…. 절은
제가 원하는 그 모습으로 그곳에 있습니다. 그래서
좋습니다. 제가 불교도가 아니었어도 절은 참
좋아했을 것 같아요. 저를 좋아하듯이. ●

박사(참고로, 본명입니다)

북칼럼니스트. 부처님을 덕질하고 있다. 경향신문,
서울신문, 조선일보 등의 일간지를 비롯해 각종
월간지와 주간지에 책과 문화와 관련한 글을
기고했다. KBS TV 책읽는 밤, SBS 책하고놀자,
MBC, 교통방송 등에서도 책과 문화를 꾸준히 소개해
왔다. 2013년부터 주기적으로 낭독회 '책 듣는 밤'을
열고 있다. 저서로는 『치킨에 다리가 하나여도 웃을
수 있다면』, 『은하철도 999, 너의 별에 데려다줄게』,
『고양이라서 다행이야』, 『빈칸책』, 『도시수집가』,
『여행자의 로망백서』, 『가꾼다는 것』 등이 있다.

글·사진. 하다해

'요즘 대학생'들은 이렇게 불교를 만납니다

– 한국대학생불교연합회 윤정은, 동국대학교 중앙 불교동아리 '동불' 전호빈 법우

90년대를 기점으로 침체기에 접어들었던 대학 내 불교동아리는 2010년대 이후 매섭게 재성장하는 추세다. 국내 각 대학의 불교동아리를 연결하는 한국 유일의 대학생 불자 네트워크인 한국대학생불교연합회(KBUF, 이하 대불련)에 등록된 지회만 141개(2025년 기준, 가등록 포함)다.

2023년 총 14개의 모든 단과대학에 불교동아리를 설립한 동국대는 지난 9월 16일, 제2회 영캠프에서 교내 3,500명의 청년 불자들과 단체 수계법회를 진행했다. 이는 2024년 진행된 제1회 행사에 비해 1,000명이 더 늘어난 숫자다.

1963년 9월 22일 창립돼 올해 62돌을 맞은 대불련의 간사 윤정은(27·주견·ISTP), 동국대 중앙 불교동아리 '동불'의 회장 전호빈(21·도검·ENTJ) 법우의 이야기를 들어봤다.

익숙함에서 시작해 '나'의 정체성으로

윤정은 간사는 2018년 동덕여대 불교동아리 '향연'에 가입해 2019년에는 향연 회장과 대불련 중앙집행위원을 겸직하고, 2020년도 대불련 중앙회장을 거친 뒤 2023년부터 사이버대학에서 문화예술경영을 전공하며 대불련 간사로

→ 지난 6월 동불을 포함한 동국대 불교동아리 연합은 중국 광저우 동화선사를 비롯해 남화선사, 운문사, 광효사와 대불사를 돌아보는 선종 탐방을 다녀왔다.

불교동아리 활동을 하다 보면 불교적 가르침을 생활 속에서 경험하게 되고, 사회적 역량도 키울 수 있습니다.

莫外向求

莫緊莫

求佛求

'편하다', '크게 강요하지 않는다'는 불교의 장점이자 단점이죠.

윤정은(27) 씨

근무중이다.

동국대학교에서 불교학과 광고홍보학을 전공하고 있는 전호빈 회장은 2024년 입학과 동시에 중앙 불교동아리 '동불'에 가입해 연등회에서 동국대 대표로 깃발을 들기도 했다. 두 사람과 불교의 인연은 가족으로부터 시작된다.

"사실 젊은 불자들 대부분이 그렇듯 저도 부모님이 불자셔서, 여행을 가도 자연스럽게 사찰에 방문하는 등 어릴 때부터 불교에 대한 친근감이 있었어요. 본격적으로 불자라고 생각하게 된 건 대학에 들어가 불교동아리에 가입한 이후였던 것 같아요. 홍보 포스터를 보고 가입하게 됐는데, 편안한 공간에서

스님을 뵙고 법우들을 만나 이야기를 나누고 싶은 마음이 있었어요." (윤정은)

"어릴 때 할머니께서 다니던 절 도서관이 무척 커서 자주 놀러 갔는데, 그곳에서 책을 읽으며 불교 행사와 경전을 접했어요. 자연스럽게 불자의 길에 들어섰고, 대학에 입학했을 때 '불교학부 학생이라면 불교동아리 하나쯤은 하고 있어야 한다'는 생각이 있었습니다. 연등회에서 학교 대표로 깃발을 들고 선두에 섰을 때 '아, 내가 불자로서 앞에 서 있구나' 하는 자각을 했죠." (전호빈)

'힙한 불교'라는 표현은
대체로 긍정적으로 보고 있어요.

전호빈(21) 씨

대학을 넘어, 더 넓은 연결로

동국대를 대표하는 중앙 불교동아리 동불은 매년 100명에서 200명 가까운 신입 회원이 들어와 교내에서도 가장 큰 규모를 자랑하는 동아리다. 불교학부가 아니라도 누구나 가입할 수 있고, 법회와 차담 같은 불교 활동뿐 아니라 MT, 무비나잇(movie night) 같은 친목 행사도 활발하게 진행한다. 교내의 다른 불교동아리들과도 만해마을 연합 신행활동, 영캠프 기획, 중국 동화선사 학술탐방 등 큰 행사 위주로 협력하며 교내 청년 불교문화를 넓혀가고 있다.

"대학 불교동아리 활동의 장점은 단순히 종교적 신행에 머무르지 않는다는 거예요. 전국 청년 불자들과 연결되는 네트워크를 만들 수 있고, 대규모 행사부터 소규모 모임까지 기획·실행하면서 배운 가치를 바로 실천할 수 있죠. 동아리 활동을 하다 보면 불교적 가르침을 생활 속에서 경험하게 되고, 사회적 역량도 키울 수 있습니다."(전호빈)

대불련은 매해 연초의 '캠퍼스 포교 워크숍'과 8월의 '영부디스트 캠프(Young Buddhist Camp)' 등을 통해 전국 18개 지부의 대학 불교동아리 141곳이 교류하는 만남의 장을 만들고, 각각의 동아리들이 더욱 활발하게 활동할 수 있도록 도움을 준다.

"향연의 회원 한 명으로 존재할 때에는

정말 우리 동아리 하나 정도밖에 못 느꼈는데, 대불련은 조금 더 크고 유기적으로 연결된 조직이라는 느낌이 많이 들었어요. 대불련을 통해 다른 지부와 지회들을 보면서 '다른 학교들은 이렇게 활동하고 있구나', '우리 동아리도 저런 식으로 부원을 모집하면 되겠다' 이런 것을 많이 느끼고 참고할 수 있었어요."(윤정은)

세상을 보는 창구는 @인스타그램

최근 청년들이 불교를 만나는 데 있어 크게 변화한 요소가 있다면 무엇일까? 두 사람은 SNS 활동을 꼽았다. 공식 홈페이지는 없어도 공식 인스타그램 계정은 반드시 있어야 하는 게 요즘 트렌드다. 마찬가지로 대학 불교동아리들도 인스타그램 위주의 SNS 채널을 적극적으로 활용하고 있다.

"코로나를 기점으로 SNS 활용이 정말 많이 늘었어요. 각 불교동아리마다 SNS가 꼭 있죠. 작년이었나? 서강대 불교동아리 '혜명'이 대불련(중앙사무국)에서 대여한 동자승 탈을 쓰고 춤 추는 인스타 릴스(reels, 15초~1분 내외의 짧은 영상)를 올렸는데 그게 반응이 무척 좋았어요. '이런 식으로도 홍보를 할 수 있구나' 하고 기억에 남았죠. 요즘 불자님들 보면 SNS 활용을 되게 잘하시는데, 나사랑클럽이나 바반투, 해탈컴퍼니 이런

곳들 모두 SNS로 활발하게 활동하고 있죠. 그런 활동들이 젊은 세대가 불교에 관심을 갖게 되는 데에도 영향을 미치지 않았을까 싶어요."(윤정은)

"동불 회장으로서 올해 영캠프를 준비하며 부담도 컸지만, 현장에서 함께 호흡하는 뿌듯함이 더욱 컸습니다. 특히 또래 참가자들이 SNS에서 자발적으로 콘텐츠를 만들고 공유하는 걸 보면서, 이제 불교가 단순히 어르신들의 전유물이 아니라 20대 사이에서도 새로운 방식으로 받아들여지고 있다는 걸 확실히 느꼈어요."(전호빈)

'힙'한 첫인상이 편안함으로 불佛며들때까지

또래 세대들이 불교에 갖는 관심과 '힙하다'는 표현을 두 사람은 어떻게 보고 있을까?

"'힙한 불교'라는 표현은 대체로 긍정적으로 보고 있어요. 젊은 세대에게 불교가 새롭게 받아들여지고 있다는 신호니까, 좋은 흐름이라고 생각해요. 실제로 영캠프나 동불 활동을 하다 보면 친구들이 '불교가 생각보다 힙하다'는 반응을 보여주는데, 불교를 친근하게 만들고 접근성을 높여주는 건 분명 장점이죠.
다만 그렇다고 해서 그 이미지에만 매달려서는 안 된다고 봐요. 불교에서는

지난 7월 진행된 제16회 대불련 영부디스트 캠프에 참여한 125명의 법우들. 사진 송희원

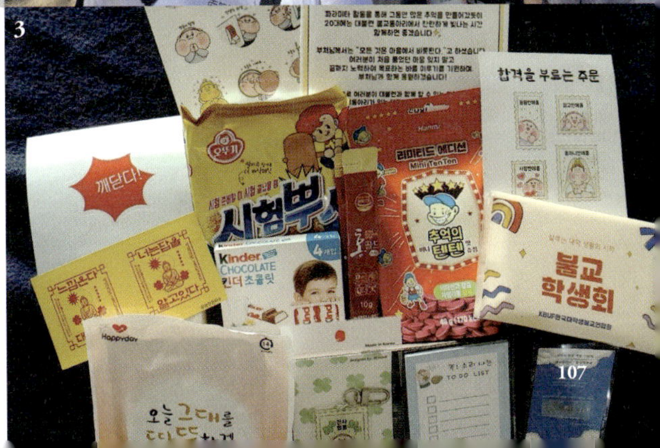

1

3
다양성과 변화,
가능성에 불교의 힘이
있었다고 믿습니다.

2

3

1 9월 16일, 동국대 영캠프에서 백여 명의 스님들이
   학생들에게 단주 3,500개를 전달했다.

2 대불련 영부디스트 캠프 중 마곡사 사찰순례 모습.
   사진 제공 윤정은

3 파라미타 연합회 고3 회원들에게 보내는 대불련의
   수험생 응원 키트. 간식과 편지, 불교동아리가 있는
   대학 리스트 등이 담겨있다. 사진 제공 윤정은

집착이 곧 고통의 원인이라고 이야기하잖아요. '힙하다'는 평가에만 집착하다 보면 오히려 본래의 가르침을 놓칠 수도 있습니다. 중요한 건 특정 이미지에 머무르는 게 아니라, 불교가 변화할 수 있다는 가능성에 초점을 맞추는 겁니다."(전호빈)

"'힙하다'는 인식이 추가됐다 뿐이지 사실 '편안한 공간을 찾고 싶다' '명상을 하고 싶다', 그러니까 좀 마음 편한 걸 하고 싶다는 수요는 예전부터 쭉 있었던 같아요. 또 요즘 세대의 특징이 체험 위주의 소비를 한다는 건데, 그런 부분도 명상이나 템플스테이를 중점적으로 홍보한 불교와 어느 정도 맞아 들어가지 않았을까 싶어요."(윤정은)

두 사람 모두 청년들이 어떤 식으로든 불교에 관심을 갖게 된다면 이후에 그 관심을 이어가도록 하는 문제는 불교계가 고민해야 하는 사안이라고 봤다.

"불교의 장점인 '편하다', '크게 강요하지 않는다'는 어떻게 보면 단점이기도 한데요, '꼭 와야 한다'는 분위기도 아니고 새로운 사람이 찾아와도 관심을 가져주고 1대 1로 매칭해서 알려주는 시스템이 없죠. 청년들은 관심이 있어도 절에 가서 뭘 해야 하는지 모르고, 불교 단체 소속이

아니라면 사찰에 가는 게 어렵겠다고 느껴지는 경우들이 좀 있어요. 그런 의미에서 같은 고민을 가진 대학생 분이 계신다면 불교동아리에 가입하시면 참 좋습니다(웃음)."(윤정은)

"세대와 문화에 따라 불교를 표현하는 방식은 달라질 수 있고, 저는 바로 그 다양성과 변화 가능성에 불교의 힘이 있다고 믿습니다. 앞으로도 불교가 또 다른 방식으로 청년 세대에게 스며들고, 더 넓은 사회로 퍼져나갈 수 있도록 길을 여는 게 저희같은 청년 불자들의 역할이라고 생각합니다."(전호빈) ●

KBUF 한국대학생불교연합회
인스타그램 @kbuf_official

동국대학교 중앙 불교동아리 '동불'
인스타그램 @dongbul_2025

월간 「불광」에서
광고주를 모집합니다.

지면광고
배너광고
S N S
메 일 링

글·사진. 송희원

봉사로 공덕 짓고, 불교와 가까워지기

- 조계사 청년회 송승민, 전우주 법우

'한국불교1번지' 대한불교조계종 총본산 조계사의 청년회는 활동이 가장 활발한 곳 중 하나다. 1977년 6월 4일 창립돼, '소통과 배려로 수행하는 청년'이란 슬로건 아래 다양한 행사와 활동을 해오는 조계사 청년회. 예불수행부 부장 송승민(36·호명·ISFP), 올해 입회한 전우주(29·ENTP) 법우를 만나 조계사 청년회 이야기를 들어봤다.

조계사 청년회는 어떤 곳일까?

조계사 청년회는 20세부터 39세까지의 미혼 남녀라면 누구나 가입할 수 있으며, 두 달에 한 번씩 1년에 총 6번 신입 법우를 모집한다. 요즘 청년들에게 핫한 불교 이미지 때문일까, 매년 100여 명의 신입 법우들이 조계사 문을 두드린다. 현재는 357기(2025년 9월 기준)를 모집했다.

조계사 청년회는 연수원 교육과정을 2개월간 수료한 뒤 정식 입회할 수 있다. 연수원에서는 불교 교리, 사찰 기본예절, 부처님의 생애, 찬불가 등 기본적인 교육을 받는다. 일정 출석일을 넘기고 회향 시험을 통과하게 되면, 수료와 동시에 부서에 지원해서 활동하게 된다. 부서는 예불수행부, 참선수행부, 사찰문화부, 찬불수행부, 생활불교부, 대학생부 6개다. 매주 화요일과 토요일 정기법회 때 부서가 돌아가며 직접 법회를 집전한다.

"생활불교부는 일상에서 자신에게 맞는 수행을 하고, 사찰문화부는 한 달에 한 번 사찰탐방을 가고, 참선수행부는 참선이나 여러 명상을 하는 부서예요. 예불수행부는 하안거·동안거 1080배 수행정진, 근교

조계사 청년회 활동을
하다 보면 절에 잘
적응할 수 있게 돼요.

불교의 교리나 가치관 등이
저와 잘 맞았죠.

송승민(36) 씨

사찰에 가서 예불과 참배를 드리거나,
육법공양(향·등·꽃·과일·차·쌀)으로 올리는
공양물인 쌀(쌀강정), 차(수제청) 등을 직접
만드는 활동을 해요. 사찰에서는 예불이
가장 기본이 되는 의식이다 보니까 가장
클래식한 느낌의 부서이죠."(송승민)

부서들이 함께 통합해서 진행하는 프로그램도
많다. 매달 한 번씩 '통합모임 〈도란도란〉'을
개최하며, 이외에도 '신년 사찰순례(1월)',
'절하기·집전 대회(3월)', '봉축 입재 1080배(4월)',
'봉축 MT 및 창립법회(6월)', '하계수련회(7~8월)',
'동안거·하안거 방생법회' 등 연례행사에 다
같이 참여한다. 조계사 공양간에서 배식 및
설거지 등을 하는 '만발봉사'나, 부처님오신날과
어린이날 행사 등 조계사에서 열리는 크고
작은 행사에서 봉사활동을 하며 공덕을
짓기도 한다.

불자든 불자가 아니든

송승민 부장은 326기로 2023년 11월 입회했다.
전우주 법우는 334기로 올해 3월에 들어와
부처님오신날과 연등회가 있는 5월에 회향한,
일명 '봉축 기수'다. 둘은 조계사 청년회에 어떻게
들어오게 됐을까?

"2년 넘게 다니던 첫 직장을 그만두기
직전에 마음이 너무 힘들어서 절을
찾았어요. 공주 마곡사였는데 비석에
『법구경』 한 구절이 적혀 있더라고요.
'사랑으로써 분노를 이기고 선으로써
악을 이겨라. 베풂으로써 인색함을
이기고 진실로써 거짓을 이겨라.'
그 구절이 좋아서 혼자서 불교 관련
유튜브랑 책도 찾아보고, 템플스테이도
다녔어요.
원래는 조계사 불교기본교육을

불교는
실용적이어서 좋아요.

전우주(29) 씨

들으려고 했어요. 직장을 다니다 보니까
두 달 동안 저녁마다 매주 나가는 게
부담이 되더라고요. 마침 알고리즘에
청년회가 떠서 연수원 교육 정도는
들을 수 있겠다 싶어서 오게 됐죠.
사실 연수원도 출석일이 적어 겨우
회향했어요.(웃음)."(전우주)

"부모님이 불자시긴 했지만 어렸을 땐
친구 따라 교회에 다녔어요. 그러다
고등학생 때부터 불자로서의 자각을
갖게 됐어요. 불교의 교리나 가치관 등이
저와 잘 맞았죠. 결정적으로 군법당에
다니면서 치유와 마음의 평안을
많이 얻었어요. 군대에서 육체적으로
정신적으로 힘들 때마다, '관세음보살'을
외면서 불심으로 이겨냈던 것
같아요."(송승민)

청년회는 이제 막 불교에 관심이 생긴
초심자이거나, 자신이 불자라는 걸 인지해
본격적으로 신행 생활을 하고자 하는 청년들이
많이 찾는다. 무교이거나 종교는 다르지만
불교에 호기심이 생겨 찾아오는 청년들도 있다.

"개인적으로 청년 불자들과 교류하고
싶어서 청년회에 오게 됐어요. 주변에서
청년 불자를 찾기란 쉽지 않아요. 경기도
일산에 사는데 청년회를 찾아보니까
없더라고요. 그나마 가깝고 전통이 있는
곳이 조계사 청년회였죠. 다른 지역에도
불교 청년회가 많이 활성화됐으면
좋겠어요."(송승민)

조계사 청년회 각 부서는 1년에 한 번씩 부장을
선출한다. 부장은 함께 선출된 재무·총무부장과
함께 신입 법우들이 잘 적응하게 알뜰살뜰히

챙기는 일을 도맡아 한다. 송승민 법우가 부장을 자원한 이유는 "신입 법우들이 잘 적응하도록 돕는 한편, 최대한 부서를 활성화시키기 위해서"였다. 직장에 다니면서 부서 임원 활동을 병행하기가 힘들 법도 할 텐데.

"힘들긴 해도 신입 법우가 잘 적응할 수 있도록 최대한 챙기려고 노력해요. 불교는 약간 진입 장벽이 있는 것 같아요. 처음 절에 오면 예절도 너무 생경하고, 어디에다가 마땅히 물어보기도 쉽지 않고요. 그렇다고 먼저 다가가서 챙겨주기엔 부담스럽고 불편해하는 사람도 있으니까요. 하지만 청년회 활동을 하다 보면 보다 잘 적응할 수 있게 돼요."(송승민)

"법당에 들어갈 땐 양말을 신어야 되잖아요. 여름에 퇴근하고 절에 들렀다 갈까 하다가도 반바지 차림에 양말도 안 신었으면 주저하게 되더라고요. 아직도 절 예절이 어렵고 습관이 안 된 부분도 많아요. 그래도 부장님이나 부서 법우들 어깨너머로 보고 익히다 보니까 많이 자연스러워졌어요. 처음부터 불자여서 청년회 활동을 한다기보다는, 이렇게 자주 나와서 적응하고 익숙해지면서 조금씩 불교에 가까워지는 게 아닐까 해요."(전우주)

내 안의 힘, 불성을 믿는다

송승민, 전우주 법우는 조계사 청년회 활동을 하면 장점이 많다고 입을 모은다.

"기본적으로 사찰순례나 방생 봉사 같은 것은 비용도 많이 들어서 개인이 참여하기 쉽지 않죠. 또 연말에 2달 코스로 집전교육을 받거든요. 목탁을 치며 예불을 집전할 수 있게 하는 교육이에요. 이런 건 어디서 쉽게 받을 수 있는 교육이 아니죠. 그것 외에도 동안거·하안거를 맞이해서 1080배를 해본다거나, 다양한 체험을 하는 등 혼자 하기 어려웠던 신행 활동들을 함께해 나갈 수 있어요."(송승민)

"불교는 실용적이어서 좋아요. 책이나 경전에서 보거나 법문에서 반복적으로 들은 것들이 힘들 때 문득 생각나요. 예전에 청년회 법회 때 '여러분은 이미 꽃이에요'라는 말을 들었어요. 내 안의 힘, 불성(佛性)을 믿게 되면서부터는 자신이 부족하다고 생각하다가도 다시 마음을 새롭게 먹게 돼요. 꼭 매주 절에 나가지 않더라도 자유롭게 활동할 수 있다는 것, 신을 믿는 게 아니라 자기 자신을 믿는다는 것. 이런 것들이 요즘 MZ세대의 감성과 불교가 잘 맞아떨어지는 지점인 것 같아요."(전우주) ●

조계사　서울 종로구 우정국로 55

조계사 청년회 사무처　02-735-3724
카카오톡 플러스친구　조계사청년회

지난 8월 30일에 진행된 예불수행부의 하안거 1080배 수행정진 모습.

지난 8월 2~3일 예산 수덕사에서 개최된 조계사 청년회 하계수련회에서.

글. 하다해

나홀로 불교는 조금 쓸쓸하다면

이 모임들 중 하나에 참여해 보는 건 어떨까

전지적 불교 시점(서울) &
佛필요한 이야기(대전)

"바쁘다바빠 현대사회 속 필요한 건 지혜!" '전지적
불교 시점'과 '佛필요한 이야기'는 '청년들이 어울려
활동하며 불교를 재미있게 접하고 공부할 수
있는 모임을 만들어 보자'는 마음으로 재가불자
종단 대승불교 양우종의 청년 불자들이 시작했다.

불교에 관심이 있거나, 인생에 대해 좀 더 깊은 고민을 해보고 싶거나, 반복되는 일상 속 더 넓은 통찰을 원하는
이 모두(단, 50세 이하일 것)를 환영한다.

모임에는 현재 서울과 대전에 각각 180명, 60명가량이 모여 있다. 활동 인원은 20대 후반~40대 초반으로,
불교에 호감을 가진 무교인과 불교인이 대부분이며 이따금 기독교 등 다른 종교를 가진 이들도 참여한다.

달에 한 번 짧은 영상을 보고 자유롭게 자신의 생각을 이야기하는 모임 외에도 격월간 절 탐방, 보다 깊은
불교 이야기를 나누는 야단법석 모임, 간단한 컬러링과 함께 사경하는 모임을 진행한다. 부처님오신날이 있는
달이나 연꽃이 피는 여름에는 염주 만들기나 불교 퀴즈 등의 비정기 깜짝 모임도 이뤄진다고.

전지적 불교 시점 인스타 @young.buddhism
함께하지 않으蓮 유튜브 @withbuddhism
모임 문의 카카오톡 ID Jeong8552

절 탐방 모임(일곱걸음/제대로 돌아보기)

격월 1회 주말

미션과 함께 절 곳곳의 숨은 의미를
살펴보는 절 탐방 모임. 혼자서는 놓치기
쉬운 사찰 여기저기 담긴 많은 요소들의
의미를 함께 제대로 보고 재미있게
불교를 알아간다.

함께하지 않으蓮

월 1회 평일 저녁(모임 2주 전 일정 공지)

5분 내외의 유튜브 영상을 보고 자유롭게 자신의 생각을
이야기하는 모임으로, 모임에 참여하는 이라면 누구나 보고
싶은 영상과 함께 나누고 싶은 대화 주제를 추천할 수 있다.
어떤 주제든 자유롭게 가져와 불교의 시선으로 이야기하다
보면 자신의 삶에서 우러나온 다양한 생각이 어우러진다.

신대승네트워크 소모임

개인의 깨달음과 사회적 실천을 하나로 통합해 수행하는 '생활수행 공동체'를 표방하는 불교대안운동공동체 신대승네트워크는 붓다의 가르침을 바탕으로 차별과 소외 없는 공정·공평·공유의 생명 중심 사회를 추구한다.

이들이 불교환경연대와 함께 진행하고 있는 '수요밥상'이나 자연의 권리를 생각하는 불자 모임 '자생불'을 이미 알고 있다면 익숙한 이름일 수도 있겠다.

신대승네트워크는 시민사회단체와의 연대활동이나 정책 연구 및 협업 활동 외에도, 회원들이 자발적으로 만들어 이끌어가는 소모임을 열댓 개 운영하고 있다. 이 많은 모임이 1년 365일 계속되는 건 아니지만, 중요한 건 의지와 인원만 있다면 얼마든지 새로운 모임을 시작할 수도 있다는 것이다. 2025년 9월 현재 꾸준히 운영되고 있는 소모임만 열두 가지라, 모두 소개하기엔 지면이 부족해 몇 가지만 가져와 봤다.

https://newbuddha.org
010-3270-0548
chogye67@daum.net

다茶함께 茶茶茶

매월 1·3주 목요일 저녁

불교에서는 끽다(喫茶)를 자기 수행의 방편으로 활용하기도 하며, 부처님께 올리는 육법공양물에 차가 반드시 포함된다. 차 전문가인 양흥식 필로쏘티아카데미 원장이 모임지기를 맡고 있는 이 모임에서는 차를 공부하고 명상하고, 직접 현장에서 체험하는 것에 중점을 둔다. 날씨가 좋은 늦봄~초여름에는 차문화 답사를 진행하기도 한다.

불교 에니어그램 공부모임

매월 2·4주 화요일 저녁

16가지 MBTI 이전에 9가지 성격유형을 구분하는
에니어그램(Enneagram)이 있었다. 차이점이라면
에니어그램은 단순한 성격유형이라기보단
사람들이 세상을 어떤 가치관으로 바라보며,
타인과 어떤 관계를 맺는지를 파악하는 데 초점을
맞췄다는 데 있다. 온라인 화상 회의로 진행되는
이 모임에서는 에니어그램을 불교적 관점으로
해석해 보고, 각 유형에 맞는 부처님 말씀을
초기 경전에서 찾아보는 시간을 갖는다.

니까야 읽기 모임

매월 1·3주 수요일 저녁

초기불교의 가르침이 담긴 5부 니까야는 그
양이 방대해 혼자 읽기를 망설이거나, 읽다가도
포기하는 경우가 다반사다. '니까야 읽기 모임'은
『정선 쌍윳따 니까야』(이중표 역해, 불광출판사)를
2023년 4월부터 함께 읽기 시작해 올해 1월부터는
『한권으로 읽는 앙굿따라 니까야』(전재성 역주,
한국빠알리성전협회)를 읽고 있다. 에니어그램
공부모임과 마찬가지로 온라인으로 모이고, 함께
읽은 내용에 대한 감상을 나눈다.

산수유

매월 셋째 주 토요일 오전

자연 속을 거닐며 '자연과 내가 서로 다르지 않고
모든 것이 연결되어 있음'을 깨달아 생태적·보살적
자아를 찾아가는 트래킹 모임. 서울과 경기 지역의
산에서 비교적 쉬운 난이도의 코스로 산책 같은
산행을 하고, 함께 점심공양을 나눈다. 두세 달에
한 번은 전문가의 사찰 해설이 곁들여진
사찰답사를 포함해 진행한다.

나눔&돌봄

매월 넷째 주 토요일 오전

신대승네트워크의 생활수행약속 중 '사회와
공동체를 위한 이타행'을 일상생활에서 실천하는
자연봉사모임으로, 대학생부터 70대까지 다양한
연령층이 참여하고 있다. 오전 10시 30분부터 오후
1시 30분까지 서울노인복지센터에서 점심 급식
봉사를 진행한다. ●

"청년들에게 불교란"

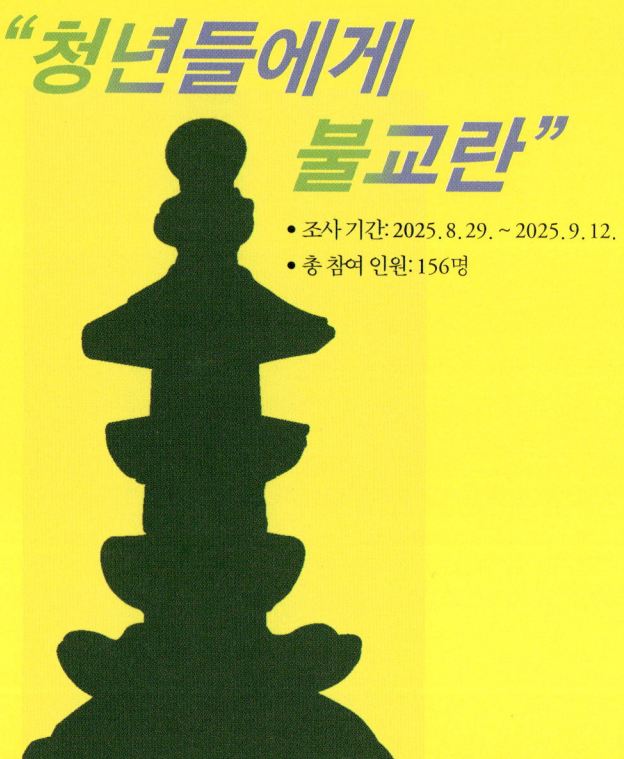

- 조사 기간: 2025. 8. 29. ~ 2025. 9. 12.
- 총 참여 인원: 156명

월간 「불광」이 2025년 8월 29일부터 9월 12일까지 14일간 온라인을 통해 조사한 〈MZ세대의 불교 인식 설문조사〉에 따르면, 불교는 단순한 종교적 틀을 넘어 문화적 자산과 삶의 힐링 자원으로 자리 잡은 것으로 나타났다. 이번 조사에는 MZ세대 청년을 중심으로 총 156명이 참여했으며, 응답자의 78%가 여성이었다. 종교는 '불교'(49%)가 가장 많았으며, '무교'(46%), '개신교'(3%), '천주교'(2%) '원불교'(1%) 순이었다. 불교에 대한 호감을 묻는 항목에서 대부분이 '매우 호감'(49%), '호감'(49%)이 있다고 대답했다.

성별

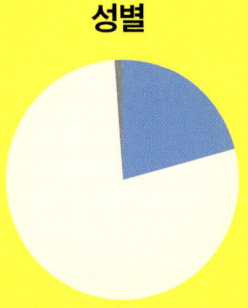

○ 여성 122(78%)

● 남성 32(21%)

● 기타 2(1%)

● 기타 답변: 논바이너리, 데미걸

가족을 통해 알거나, 어쩌다가 불며들다

불교와의 첫 만남은 '가족'(63%)을 통한 자연스러운 접근이 가장 많았다. SNS나 드라마·영화 등 '미디어'(17%)를 통해 접하거나, 연등회나 불교박람회 등 '불교문화행사'(4%)로 알게 됐다는 답변도 있었다. 기타 답변으로는 '여행을 가서 우연히 사찰에 들렀다가 정이 들었다', '군대에서 종교활동을 하다가', '언제부터인지는 모르지만 어쩌다 보니 불며들었다', '불법 스님 라이브 방송을 통해 알게 됐다'는 답변도 있었다. 청년들은 일상과 문화로 자연스럽게 불교를 접하는 것을 알 수 있다.

연령대

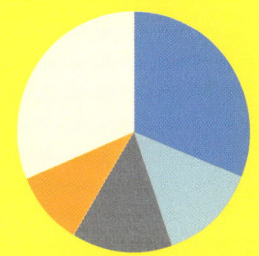

● 20대 초반(20~24세) 53(34%)

○ 20대 후반(25~29세) 53(34%)

● 30대 초반(30~34세) 24(15%)

● 30대 후반(35~39세) 15(10%)

● 40대 초반(40~44세) 11(7%)

MBTI (144명 답변)

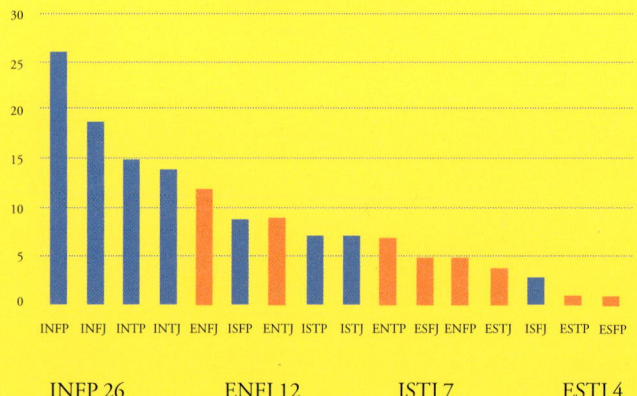

INFP 26	ENFJ 12	ISTJ 7	ESTJ 4
INFJ 19	ISFP 9	ENTP 7	ISFJ 3
INTP 15	ENTJ 9	ESFJ 5	ESTP 1
INTJ 14	ISTP 7	ENFP 5	ESFP 1

종교

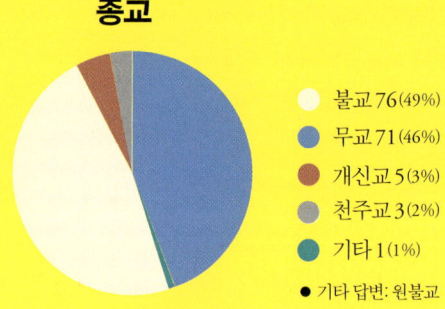

- 불교 76 (49%)
- 무교 71 (46%)
- 개신교 5 (3%)
- 천주교 3 (2%)
- 기타 1 (1%)
- ● 기타 답변: 원불교

'문화와 종교' 모두로 인식하는 불교

불교를 받아들이는 관점은 '종교와 문화 모두'라는 응답이 69%로 압도적이었다. 이는 청년들이 불교를 신앙의 대상이자 문화적 경험의 장으로 동시에 인식하고 있음을 보여준다. 불교의 대표적 이미지를 묻는 항목에서도 '문화유산'(24%) '명상과 힐링'(22%) 등이 대표적으로 꼽힌 것도 비슷한 맥락이다.

당신은 불교에 대해 얼마나 호감이 있습니까?

- 매우 호감 76 (49%)
- 호감 76 (49%)
- 보통 4 (3%)
- 별로 없다 0 (0%)

불교를 어떻게 처음 알게 됐습니까?

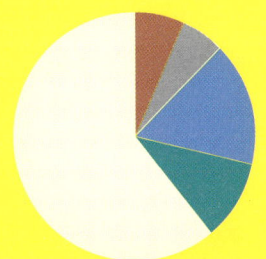

- ○ 가족 99 (63%)
- ● 미디어 (유튜브, SNS, 드라마·영화 등) 27 (17%)
- ● 학교 (불교 종립학교) 7 (4%)
- ● 불교문화 행사 (불교박람회, 연등회 등) 6 (4%)
- ● 기타 17 (11%)

● 기타 답변: '군대 내 종교활동', '친구의 권유', '어쩌다 보니 그냥 불며들었다', '역사 전공자라 역사 수업을 통해', '절 풍경이 좋아서 구경 다니다가', '월정사 단기출가학교', '불법스님 생방송', '박물관을 통해', '고등학교 수업 윤리와 사상 과목에서 불교에 흥미가 생겨 찾아보다가 빠져버림' 등.

불교의 장점: 포용성과 개인 수행 중심

불교가 가지는 가장 큰 장점으로는 '타 문화에 대한 관용'(23%), '개인의 수행 중시'(22%), '명상과 힐링 효과'(20%)가 꼽혔다. 이는 권위적 종교에 대한 거부감이 강한 MZ세대의 성향과 맞닿아 있다. 한 응답자는 "불교는 철학적이고 이성적인 관점으로 삶을 바라보게 해준다"라며 "특히 무아론을 통해 뭐든지 할 수 있는 자신감을 얻는다"고 답변해 불교의 교리에 대한 호감이 높은 것을 알 수 있다.

불교 행사(예: 연등회, 템플스테이, 불교박람회 등)에 참여해본 경험이 있습니까?

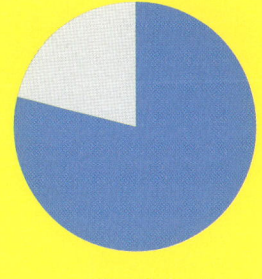

- ● 있다 124 (79%)
- ○ 없다 32 (21%)

불교를 주로 어떤 관점에서 받아들이고 있습니까?

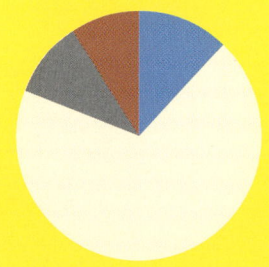

● 종교와 문화, 모두 107 (69%)
● 문화 18 (12%)
● 특별히 의식하지 않는다 16 (10%)
● 종교적 신앙 15 (10%)

청년들에게 다가가기 위한 불교의 과제

불교가 MZ세대에게 더 가까이 다가가기 위해서는 '현대적 언어로의 가르침 전달'(25%), '대중문화와의 접목'(19%), '청년 친화적 사찰 공간 활용'(16%)이 필요하다는 의견이 주를 이뤘다. 'SNS·유튜브를 통한 디지털 콘텐츠 확대'와 '청년 모임 강화' 역시 중요한 과제로 꼽혔다. 특히 일부 응답자는 "눈 밝은 선지식이 필요하다"라며 단순한 콘텐츠 소비를 넘어, 불교가 사회적 메시지를 전달할 수 있는 청년 멘토링을 강화해야 한다고 지적했다.

불교가 삶에 얼마나 도움이 된다고 생각하시나요?

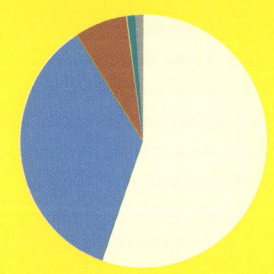

● 일정 부분 도움 87 (56%)
● 매우 도움 56 (36%)
● 보통 11 (7%)
● 영향이 없다 1 (1%)
● 잘 모르겠다 1 (1%)

불교 하면 가장 먼저
떠오르는 이미지는 무엇입니까?(복수 선택)

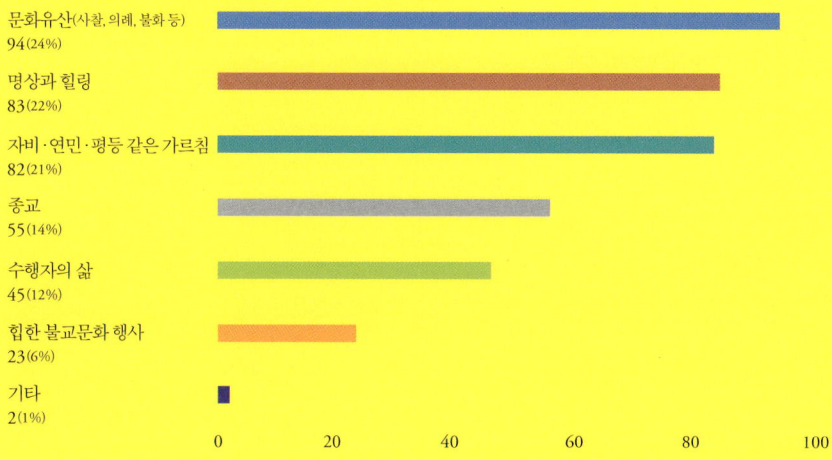

문화유산(사찰, 의례, 불화 등)
94(24%)

명상과 힐링
83(22%)

자비·연민·평등 같은 가르침
82(21%)

종교
55(14%)

수행자의 삶
45(12%)

힙한 불교문화 행사
23(6%)

기타
2(1%)

0   20   40   60   80   100

● 기타 답변: '타종교들과는 남다른 철학적인 사유', '채식(고기를 절대 먹지 말아야 한다는 이미지)'

불교가 가지는 가장 큰 장점은 무엇이라고
생각하십니까?(복수 선택)

타 문화에 대한 관용적이고 포용적인 태도
104(23%)

종교적 권위보다는 개인의 수행을 중시하는 점
99(22%)

명상과 힐링 등 정서 안정에 도움
92(20%)

자연 친화, 생명 존중 사상 등 윤리적 실천
74(16%)

전통 문화유산(사찰, 불화 등) 향유
69(15%)

의례와 의식의 독특한 분위기(예불, 불공, 법회 등)
12(3%)

기타
1(0%)

0   30   60   90   120

● 기타 답변: '생각보다 철학적이고 이성적인 관점으로 삶을 바라볼 수 있게 된다. 특히 무아론을
통해 뭐든지 할 수 있는 자신감을 얻는다.'

불교가 MZ세대에게 더 가까이 다가가기 위해 어떤 노력이 필요할까요? (복수 선택)

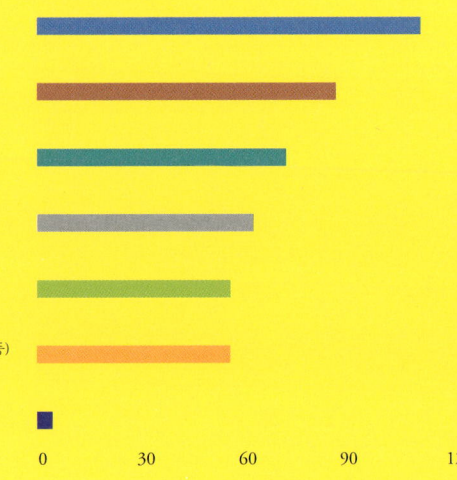

불교 가르침을 현대적이고 쉬운 언어로 전달
106(25%)

예술·음악·영화 등 대중문화 콘텐츠와 접목
82(19%)

사찰 공간을 청년 친화적이고 개방적인
공간으로 활용 69(16%)

SNS·유튜브 등 디지털 콘텐츠 확대
60(14%)

명상·힐링 프로그램 확대
53(12%)

청년 대상 프로그램·모임 강화(멘토링, 동아리 등)
53(12%)

기타
4(1%)

● 기타 답변: '청년 접근성을 높이는 것', '눈 밝은 선지식 개발 필요성 결국 불교는 인재불사가 핵심이다. 사회에 필요한 메시지를 불교의 언어로 전달할 수 있는 선지식이 필요함 + 청년들이 불교에 종사할 수 있는 환경을 조성', '불교의 가르침을 쉬운 언어로 전달하는 것도 중요하나 어려움으로 마주해야 할 부분은 그 또한 그대로 전달하는 것도 필요하다고 생각한다.', '자기계발, 힐링프로그램으로서의 접근' 등.

불교와 함께할 미래

불교 관련 활동 참여 의향에 대해 99%가 긍정적으로 답해, 불교가 청년들에게 여전히 매력적인 선택지임을 보여줬다. 이는 불교가 단순히 과거의 전통이 아니라, 미래 세대가 함께 새롭게 만들어갈 수 있는 문화이자 삶의 자원임을 시사한다. 이번 설문은 불교가 MZ세대에게 단순한 종교적 교리를 넘어 문화, 철학, 힐링의 자원으로 다가가고 있음을 확인시켜준다. 가족에서 시작된 불연(佛緣)이, 디지털과 대중문화를 거쳐, 다시 삶과 수행으로 확장되는 길을 어떻게 열어갈 것인가가 앞으로의 핵심 과제가 될 것이다. ●

앞으로 불교 관련 활동에 참여할 의향이 있으십니까?

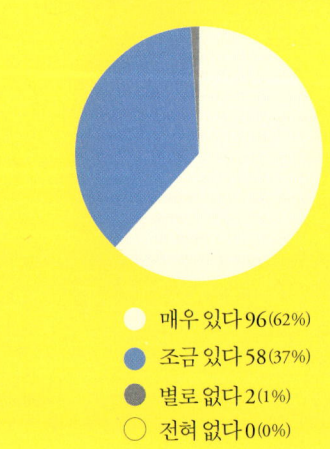

○ 매우 있다 96(62%)
● 조금 있다 58(37%)
● 별로 없다 2(1%)
○ 전혀 없다 0(0%)

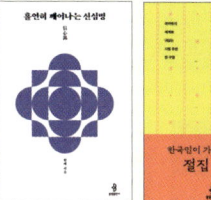

월간 「불광」 매거진
네이버 스마트스토어 공식몰

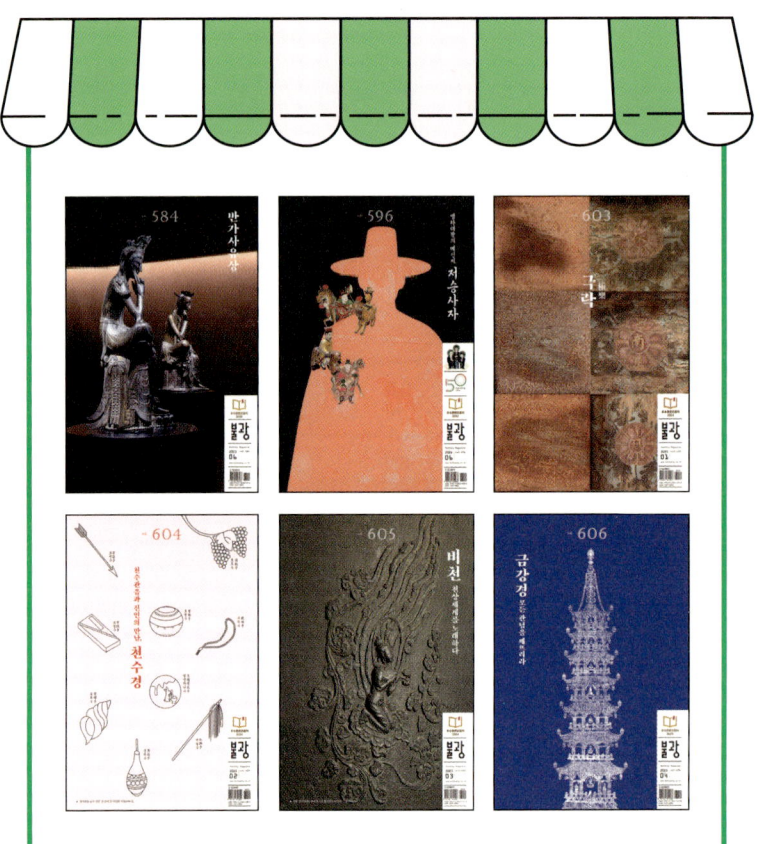

놓쳤던 매거진, 이제 네이버 스마트스토어에서 만나보세요!

네이버 스마트스토어 '월간불광'은 불교인문교양 매거진
월간 「불광」이 직접 운영하는 온라인 공식몰입니다.

불교 컬렉션
(Collection of Buddhism)
월간 「불광」을 전자책 시리즈로 만나보세요.

적멸보궁 eBook

익살과 근엄 사이, 나한 eBook

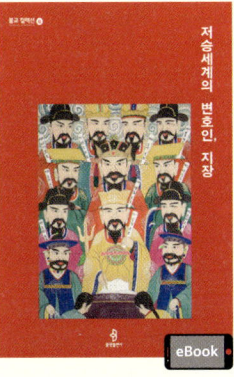
저승세계의 변호인, 지장 eBook

입춘, 삼재 그리고 부적 eBook

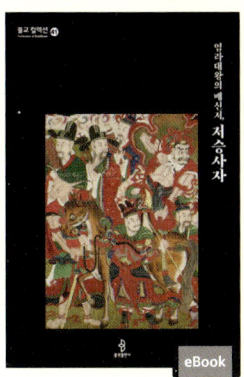
염라대왕의 메신저, 저승사자 eBook

극락極樂 eBook

중생을 치유하는 약사여래 eBook

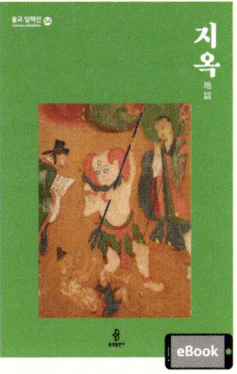
지옥地獄 eBook

◎ 불교 컬렉션 시리즈는 앞으로도 계속 출간됩니다.

불광출판사 전화 02) 420-3200 | www.bulkwang.co.kr | 불광미디어

여행가는 가을 "행복 두배 템플스테이"

– 113곳 사찰에서 11월 한 달 특별 할인

글. 김남수
사진. 한국불교문화사업단

순천 송광사의 가을

한국불교문화사업단(단장 일화 스님)은 오는 11월 1일부터 30일까지 전국 113곳 사찰에서 '행복 두배 템플스테이'를 진행한다. 11월 한 달간 프로그램에 참여한 사람들은 단풍이 아름다운 사찰에서 가을 정취를 만끽할 수 있으며, 사찰 음식을 체험하는 기회도 갖는다.

이번 행사는 한국관광공사가 주관하는 '여행가는 가을'과 연계해 진행하며, 선착순 1만여 명에게 참가비 할인 혜택도 제공된다.

행사를 진행하는 문화사업단 단장 일화 스님은 "가을빛으로 물든 사찰에서 자연이 주는 위로와 고요함을 느끼며, 자신을 돌아보는 소중한 시간이 되기를 바란다"며 행사의 취지를 말했다. 또 "행복 두배 템플스테이가 바쁜 일상에서 벗어나 몸과 마음을 쉬게 하는 가을 여행이 되기를 기대한다"고 이야기했다.

예약은 10월 15일(수) 오전 10시부터 템플스테이 공식 홈페이지에서 시작된다. 문화사업단은 행사에 참여하는 사람이 많아 조기 마감될 수 있기에 미리 확인하고 예약하는 것이 좋을 것이라 권한다.

경주 불국사의 가을

예약 사이트　**www.templestay.com** (국문)　**www.eng.templestay.com** (영문)

양평 용문사의 가을

여행가는 가을 '행복 두배 템플스테이' 운영 사찰 (총 113곳)

지역	사찰명
서울(10곳)	관문사, 국제선센터, 길상사, 묘각사, 봉은사, 석불사, 수국사, 약수사, 조계사, 화계사
경기(14곳)	금강정사, 대광사(성남), 대원사(가평), 백련사(가평), 법륜사, 봉선사, 봉인사, 수원사, 수진사, 연주암, 용문사(양평), 중흥사, 회암사(양주), 흥국사(고양)
인천(1곳)	연등국제선원
강원(12곳)	건봉사, 낙산사, 망경산사, 명주사, 백담사, 보현사, 삼화사, 설악산 신흥사, 용연사, 월정사, 청평사, 현덕사
충북(7곳)	구인사, 미륵대흥사, 반야사, 법주사, 석종사, 영국사, 용화사(청주)
충남(9곳)	마곡사, 무량사, 부석사, 서광사, 수덕사, 영랑사, 지장정사, 학림사, 한국문화연수원
세종(1곳)	영평사
전북(8곳)	귀정사, 금당사, 금산사, 내소사, 서고사, 선운사, 송광사(완주), 실상사
전남(15곳)	대원사(보성), 대흥사, 백련사(강진), 백양사, 불갑사, 불회사, 선암사(순천), 송광사(순천), 신흥사(완도), 쌍봉사, 연곡사, 운주사, 천은사, 향일암, 흥국사(여수)
광주(3곳)	무각사, 원효사, 증심사
경북(15곳)	감산사, 골굴사, 대승사, 보경사, 봉정사, 선본사, 심원사(성주), 용문사(예천), 은해사, 자비선사, 장육사, 직지사, 청량사, 축서사, 희방사
경남(13곳)	대광사(창원), 대원사(산청), 문수암, 붓다선원, 성주사, 신광사, 쌍계사(하동), 용문사(남해), 용화사(통영), 청계사, 통도사, 표충사, 해인사
대구(2곳)	도림사, 동화사
부산(3곳)	내원정사, 범어사, 홍법사

연재. 힙hip찔이 에디터의 요즘 불교
글. 송희원
사진. 유동영

백패킹·캠핑·템플스테이가 만났다!
– 보원사 '캠플스테이'

고유한 개성이 있으면서도 트렌디(trendy)한 것들을 지칭할 때 흔히 '힙(hip)하다'라고 표현한다.
2030세대에게 힙하게 받아들여지는 요즘 불교를 소개한다. – 편집자 주

'백패킹●', '캠핑' 그리고
'템플스테이'를 결합한 유일무이한
콘셉트의 사찰 체험 프로그램이
있다. 바로 충남 서산 보원사에서
열리는 '캠플스테이(camplestay)'로,
내포 가야산 일대의
개심사와 옛 절터 숲길에서
절패킹(절+백패킹)한 뒤 보원사지에서
캠플스테이(캠핑+템플스테이)를 하는
1박 2일 여정이다.
폐사지에서 천 년이 넘는 역사의
숨결을 느끼며 하룻밤 보내는 캠핑,
자연을 생각하는 **플로깅●●**,
연잎밥 공양·연꽃잎차 다도,
싱잉볼 아침 명상과 함께 미니어처
석탑에 서원지를 봉안하는 등 낭만
넘치는 일정들로 구성됐다.
지난 9월 6일부터 7일까지, 자연과
불교 문화유산을 충만하게 느끼는
보원사 캠플스테이 그 특별한 여정에
13명의 백패커들과 함께했다.

● 백패킹(Backpacking):
텐트·침낭·식량 등을 넣은 배낭을
메고 이동하며 산이나 자연 속에서
야영하는 활동.
●● 플로깅(plogging): 조깅하면서
동시에 쓰레기를 줍는 활동.

첫째 날 낮, 백패킹으로 개심사에서 보원사까지
이번 캠플스테이에 선정된 인원은 총 13명.
11명이 절패킹에 나섰고, 2명은 뒤늦게 캠핑
사이트인 보원사에서 합류했다. 참가자들은
초보부터 다수의 백패킹 경험이 있는
전문가들까지 종교도 나이대도 다양했다.
캠플스테이 1일 차는 집결지인 개심사 주차장에
모여 간단한 오리엔테이션 후 배낭을 메고
개심사를 거쳐 보원사까지 7km 정도 이동하는
코스. 인솔자는 캠플스테이 프로그램을 기획한
김희남(38), 황민아(35) 씨다.

> "참가자들은 불자보다는 폐사지를 문화
> 자원으로 접근하거나 백패킹 활동 자체를
> 즐기시는 분들이 대부분이에요. 자연에서
> 힐링하고 싶다거나 개인적인 사정으로
> 생각할 시간이 필요하다는 분들이 많이
> 오세요."(김희남)

김희남 씨는 트레일 러너로 국내외 여러 대회에
출전한 선수다. 아웃도어 행사를 기획하거나
관련한 강의 활동을 다닌다. 민아 씨는 홍성에서
작두콩 농사를 짓고 있다. 둘은 각각 2015년,
2016년에 미국 장거리 트레일 PCT(멕시코
국경에서 캐나다 국경까지 총 4,265km를 걸어서 횡단하는
세계적인 장거리 트레일 코스)를 완주한 장거리
하이킹 전문가다.
　두 인솔자가 캠플스테이 참가자들에게
특별히 강조하는 2가지 원칙이 있다. 첫째,
가벼운 백패킹이다. 너무 욕심내지 말고 꼭

① ② ③ ④

①
캠플스테이 1일 차는
배낭을 메고 개심사를 거쳐
보원사까지 7km 정도
이동하는 코스다.

②
백패커들이 지켜야 하는
원칙 중 하나가 '흔적 남기지
않기(Leave No Trace)'이다.
산에서 쓰레기를 만들지
않도록 다회용기에 음식을
담아 온다.

③
캠플스테이 첫날 첫 코스인
개심사에서 잠깐 머물며
땀을 식혔다.

④
참가자들은 초보부터
다수의 백패킹 경험이 있는
사람들로 종교도 나이대도
다양했다.

산행 중 폭우가 내려 비에 흠뻑 젖는 낭만 우중 산행을 하게 됐다.

필요한 장비와 음식만 배낭에 담아 오길 강조한다. 자연 속에서 천천히 걸으며 마음도 돌아보고 여유롭게 즐겼으면 하는 바람에서다. 코스 내내 선두에는 민아 씨가, 후미에는 희남 씨가 서서 참가자들이 앞서거나 뒤처지지 않게 돕는다. 둘째, '흔적 남기지 않기(Leave No Trace)'. 쓰레기를 만들지 않도록 다회용기에 음식을 담아 오도록 한다. 참가 신청을 받을 때 신청자가 자연을 존중하는 마음이 있는지를 제일 중요하게 본단다.

원래 산행은 개심사에서 백암사지와 수정봉을 거쳐 보원사지로 하산하는 더 긴 코스였지만, 최근 충남에 내린 집중폭우로 일부 구간 출입이 통제돼 짧은 길로 우회해 갔다. 이날도 산행 중 폭우가 내려 비에 흠뻑 젖는 낭만 우중 산행을 하게 됐다. 예상보다 2~3시간 이른 오후 2시쯤 보원사지 캠핑 사이트에 도착했다.

첫째 날 저녁, 살아 숨 쉬는 오층석탑
보원사지는 가야산 줄기인 상왕산(象王山) 기슭 널찍한 평지에 자리했다. 과거에 보원사는 화엄10찰 중 하나였는데 정확한 기록이 없어 창건연대와 폐사된 시기를 알 수 없다. 2004년 대한불교조계종 제7교구 수덕사의 말사로 등록돼 현재의 보원사로 유지되고 있다.

시원한 연꽃차로 산행의 열기를 식히자 이내 비가 그쳤다. 보원사지의 상징과도 같은 오층석탑이 잘 보이는 곳에 텐트 피칭(pitching, 설치)을 하고, 절터 앞 용현계곡에서 물놀이를 한창 하니 저녁 공양 시간이다. 보원사

공양간에서는 첫날 저녁과 둘째 날 아침으로 연(蓮)을 재료로 한 연자죽, 연잎밥, 연근 장아찌, 연근 물김치 등의 음식이 제공된다. 이와 더불어 화장실에서 간단한 세면도 할 수 있으니, 잘 씻지 못하는 다른 백패킹에 비하면 그야말로 '럭셔리 백패킹'이다.

"1박 2일 캠핑 동안 연으로 만든 음식을 드시게 돼요. 연은 진흙탕에 뿌리를 내리고 있지만 더러움에 물들지 않고 향기롭고 청초한 꽃을 피워내는 신비스러운 꽃이에요. 불교를 상징하는 꽃이기도 해요. 뿌리에서부터 이파리, 꽃 그리고 연심까지. 아무 버릴 것 없는 이 연은, 자연에 쓰레기를 남기지 않는 백패커 여러분과 닮았죠."(보원사 김선임 종무실장)

캠플스테이의 하이라이트는 단연코 오층석탑을 바라보며 너른 폐사지 사이트에서 하룻밤을 보내는 야영 시간이다. 비는 그쳤지만 밤새 천둥번개가 쳤다. 번개가 번쩍이는 순간마다 야영지 전체가 환해졌는데, 그때마다 오층석탑은 자연이라는 큐레이터가 변화무쌍한 배경 앞에 전시해 놓은 거대한 예술 작품 같았다. 날씨, 시간, 습도에 따라 시시각각 눈앞에서 그 모습을 달리하는 오층석탑은 그야말로 '살아 숨 쉬는 문화유산'이었다.

'보물 서산 보원사지 오층석탑'(국가유산 정식 명칭) 곁에서 하룻밤 캠핑하고 나니, 근엄하고

①
②　③
④

①
저녁 공양 전, 보원사 앞으로
흐르는 용현계곡에서
물놀이를 한다. 1급수에서만
산다는 물고기 버들치가
헤엄쳤다.

②
연꽃잎차 다도 모습.

③
캠플스테이 동안 연(蓮)을
재료로 한 연자죽, 연잎밥,
연근 장아찌, 연근 물김치
등의 음식이 제공된다.

④
첫째 날 저녁, 참가자들이
다도를 하며 캠플스테이에
참여한 소회를 나누고 있다.

번개가 번쩍이는 순간마다 보원사 야영지 전체가 환해졌는데, 그때마다 오층석탑은 자연이라는 큐레이터가
변화무쌍한 배경 앞에 전시해 놓은 거대한 예술 작품 같았다.

엄숙해 보였던 오층석탑이 한층 더 친근하게 느꼈다. 참가자들은 샛별과 여명에 의지해 오층석탑을 바라보며 천 년의 시간을 뛰어넘어 동 시간대로 공존하는 체험을 한다. 구태여 문화유산의 가치를 설명하지 않아도 자연스러운 감응이 일어나는 것이다. 각자의 텐트 안에서, 그러나 보원사지라는 하나의 캠핑 사이트를 공유하는 백패커들의 기억 속에 이 순간은 어떻게 각인될까.

오층석탑이 주는 선물이 또 하나 있다. 미니어처로 만든 석탑에 서원을 적은 종이를 봉안해 '서원 팬스'에 매달아 보는 체험이다. 보원사의 보(普)는 '넓은', 원(願)은 '원하다'라는 뜻이다. '넓은 서원'을 세워보고 그 원을 봉안한 탑을 다시 보원사에 남겨 둔다는 의미다.

"누구나 사는 동안 생로병사의 괴로움과 더불어 싫은 것들과 만나야 하는 괴로움, 좋아하는 것들과 헤어져야 하는 괴로움, 구하는 것을 얻지 못하는 괴로움, 나와 나의 것에 집착하는 존재의 괴로움을 만나게 되죠. 먼저 현재 자신이 어떤 상태인지 그리고 자신의 욕망이 무엇인지 잘 살펴봐야 합니다. 걱정하는 마음을 내려놓고 서원을 적어서 탑에 잘 담아보세요. 그리고 그 서원이 잘 이뤄질 수 있도록 탑을 앞에 두고 삼배를 올려보세요." (보원사 사찰문화해설사)

보원사 캠플스테이의 시작

보원사 캠플스테이는 어떻게 탄생하게 됐을까. 과거 내포는 한반도 불교가 전래된 초입지로 불교문화가 꽃피웠던 곳이다. 태안반도에서 부여로 가는 길목에 위치해, 백제시대 때 중국으로 가는 교통로의 중심지 역할을 했다. 이러한 지리적 이점으로 보원사(북쪽)·가야사(남쪽, 현 남연군묘)·개심사(서쪽)·서림사(동쪽, 현 유허지) 등 100여 개의 사찰이 있었고, 1,000여 명의 스님들이 그곳에서 수행했다. 그러나 조선시대 숭유억불 정책으로 보원사는 폐사되고, 흥선대원군에 의해 가야사가 불태워지는 등 내포 가야산의 수많은 불교 문화유산이 소실됐다.

"내포 가야산은 합천 해인사의 가야산 못지않게 오랜 역사가 있어요. 이 근처의 큰 절인 수덕사보다 더 큰 '가야사'와 '보원사'가 있었어요. 두 절이 만약 지금까지 보전됐더라면 충청도 내포 불교 역사가 완전히 달라졌을 거예요." (내포문화사업단장 정범 스님)

이러한 현실을 안타까워한 충남 내포 지역 스님들은 2011년 '내포가야산 성역화 추진위원회'를 결성하고, 협동조합 '내포전법'을 설립해 내포 지역 불교문화 활성화를 도모했다. 여기에 내포문화숲길 활동가로 일했던 김희남·황민아 씨가 합류해, 보원사지에서

2013년, 내포 지역의
옛길·숲길·마을길·하천길을
잇는 총거리 320km
'내포문화숲길'이 완성됐다.
이 내포문화숲길 중 내포불교
순례길 4코스 (개심사~백암사지~
보원사지 11.8km)를 활용한
'캠플스테이'라는 프로그램이
10년 뒤 세상에 나오게 됐다.

캠핑하는 '캠플스테이' 아이디어를 정범
스님과 정경 스님 (보원사 운영위원장)께 제안했다.
스님들은 흔쾌히 승낙했고, 둘은 2021년부터
'캠플스테이'를 기획하기 시작했다.

"캠플스테이는 사찰에서 허락하지
않으면 시작할 수 없었죠. 친환경적인
것, 마음을 들여다보는 것 등
사찰에서 원하는 취지가 저희와 잘
맞아떨어졌어요. 캠플스테이의 전반적인
첫 기획은 저랑 희남 씨가 했지만, 보원사
김선임 종무실장님과 함께하면서
사찰에서도 신경을 많이 써주셨어요.
연꽃을 콘셉트로 한 공양이나 다도 같은
프로그램들은 보원사 관계자분들의 도움
없이는 못 하는 것들이죠.
사람들이 마음을 살피고 편안함을 느끼고
싶을 때 사찰을 많이 찾잖아요. 젊은
사람들은 사찰에 오면 진지하고 근엄해야
한다고 생각해요. 그런 마음의 벽을
조금이나마 허물고 싶어서 캠플스테이를
기획했어요." (황민아)

그렇게 캠플스테이는 협동조합 내포전법이
주관하고 서산시가 주최하는 국가유산청
생생국가유산 지원사업 〈보원사지, 세상(普)
원(願)을 담다 - '반딧불이와 하룻밤-
캠플스테이'〉로 선정돼, 2023년부터 본격적으로
시작됐다. 보원사지는 보물 5점 (당간지주, 오층석탑
등)을 비롯해 지척에 '백제의 미소'라 불리는 국보

둘째 날 아침, 보원사를 한 바퀴 걸으며 명상하는 참가자들.

용현리 마애여래삼존상을 품고 있다. 캠핑하며 불교 문화유산 자원을 향유하는 이 특별한 프로그램은 금세 입소문을 탔다.

둘째 날, 누구나 향유하는 내포 가야산

마지막 2일 차의 일정은 보원사지에서 첫날 집결지였던 개심사 주차장으로 이동하며 플로깅하는 일정이다. 출발하기 전 연잎밥 아침 공양과 싱잉볼 명상을 한 뒤, 폐청바지 업사이클링 천으로 '버들치풍경 만들기' 체험을 한다. 버들치는 용현계곡의 1급수에 사는 물고기다. 손수 만든 버들치풍경이 예쁘다며 참가자들 모두 연신 사진을 찍었다.

"템플스테이를 자주 가는 편인데도 갈 때마다 늘 긴장하곤 해요. 108배를 못 한다거나, 스님께 혹여나 실수할까 봐서요. 그런데 여기서는 아무것도 하지 않고 그저 가만히 앉아 차만 마셔도 되고, 종교와 상관없이 역사적인 것에 대해 배울 수 있어서 좋았어요."

"저는 욕심이 많아서 항상 뭔가를 많이 하려다 보니, 늘 바쁘게 지내요. 샤워를 못 한다는 걸 알면서도 그걸 감수하고 신청했는데, 땀을 삐질삐질 많이 흘렸지만 계곡물에도 들어가고 나름 괜찮은 것 같더라고요. 욕심을 버리고 좀 느긋하게 살아도 괜찮겠다는 생각이 들었어요. 이게 국가 지원사업으로 진행된다니까 다른 곳에서도 이런 프로그램을 많이 경험해 보고 싶어요."

보원사의 너른 품에 안겨 하룻밤을 보낸 덕분일까. 둘째 날 소감을 말하는 참가자들의 표정이 한결 밝고 평안해졌다. 1박 2일 동안 내내 참가자들을 인솔하며 살뜰히 챙긴 김희남, 황민아 씨의 표정도 덩달아 밝아 보였다.

"매회 프로그램을 진행하면서 저희도 참가자분들께 항상 좋은 에너지를 받아요. 이번처럼 비가 엄청 많이 오면 코스를 바꿔야 하는 등 힘든 상황들이 많은데, 매 순간 긍정적으로 생각해 주는 그 마음들이 고마워요. 이틀 모두 잘 버텨주셔서 감사해요."(황민아)

"처음 백패킹하는 분들은 그 매력을 느끼고 다시 해 보는 계기가 됐으면 하고요, 계속 백패킹해 왔던 분들한테는 '이런 식으로 백패킹해도 괜찮겠다'라고 공감받는 시간이 됐으면 좋겠어요. 아웃도어 활동은 생각대로 흘러가지 않아요. 하지만 막상 부딪쳐 보면 생각보다 할 만해요. 걱정하는 만큼의 큰일은 잘 안 일어나더라고요."(김희남)

사실 참가자들이 캠플스테이 여정을 떠날 수 있었던 숨은 배경에는, 스님들과 대중의 노력이 있었다. 이 일대가 가야산 순환도로(관통도로)와

①

②　③

④

①
"내포 가야산은 합천
해인사의 가야산 못지않게
오랜 역사가 있어요."
내포문화사업단장
정범 스님.

②
폐청바지를 활용한 천으로
손바느질하며 '버들치풍경
만들기' 체험을 하는 모습.

③
참가자들은 오층석탑
미니어처에 서원을 적은
종이를 봉안해 '서원 펜스'에
매달았다.

④
둘째 날, 싱잉볼 아침
명상 모습.

둘째 날 새벽, 보원사 오층석탑을 돌며 도량석 하는 정범 스님.

① ②③ 로 표기

①

둘째 날은 보원사에서 개심사로 회귀하며 플로깅을 한다.

②

'버들치풍경 만들기' 체험을 하며 이야기꽃을 피우는 참가자들.

③

보원사지에서 출토된 돌과 부재들, 그리고 버들치풍경.

①
②　③
　④

①
플로깅이 끝난 뒤
개심사 일주문 앞에서
기념사진 촬영.

②
보원사 캠플스테이
프로그램은 연꽃을
콘셉트로 한다.

③
둘째 날 아침 예불 모습.

④
정범 스님은 예불에
처음 참여하는 참가자들을
배려해 예불 의식을
하나하나 친절히
설명해 줬다.

골프장 건설로 자칫 훼손될 수도 있었기 때문이다. 2007년 2월, 당시 보원사 주지였던 정범 스님을 비롯한 스님들이 도로 건설에 반대하며 공사 현장에서 천막 농성을 개시했다. 충남 지역 20여 개의 시민·환경단체와 협력해 공사 예정지에 '백제의미소길'(가야사지~보원사지 7km)을 조성했다. 걷기 행사를 여는 등 적극적으로 대항해 나가자 건설 계획은 결국 무산됐다.

이후 2013년, 내포 지역의 옛길·숲길·마을길·하천길을 잇는 총거리 320km '내포문화숲길'이 완성됐다. 이 내포문화숲길 중 내포불교순례길 4코스(개심사~백암사지~보원사지 11.8km)를 활용한 '캠플스테이'라는 프로그램이 10년 뒤 세상에 나오게 됐다. 일부 사람들의 전유물로 독점될 뻔한 가야산을 스님과 지역민이 힘을 합쳐 누구나 향유할 수 있는 생태탐방로 숲길로 만들어 낸 것이다.

캠플스테이 프로그램을 두 기획자가 처음 제안했을 때 정범 스님은 어떤 마음이었을까. 캠플스테이 마지막 날 차담 시간에 스님께서 나눈 말로 짐작해 본다.

"이 프로그램에 지원하는 분들은 자연과 벗하고 나를 기꺼이 돌아볼 줄 아는 분들이라고 생각해서 사찰에서는 기꺼이 장소를 제공한 거예요. 전생에 어떤 인연이 있었든지 간에 보원사에서 이렇게 함께 하룻밤을 보내고, 같이 밥을 먹었으니 여러분들과 저는 귀한

인연이겠죠. 나중에 이쪽을 지나가거나 들를 일이 있으면 언제든지 오셔서 같이 차 한잔 마셨으면 합니다. 어제가 사실은 보름달 뜨는 날이라 구름만 없었으면 아마 환상적인 야경을 보실 수 있었을 텐데…. 그래도 천둥번개 친 건 잊을 수 없는 추억으로 남겠죠."(정범 스님) ●

www.bowonsa.kr

대한불교조계종 내포가야산 보원사
충남 서산시 운산면 마애삼존불길 192-25
041-662-7717

내포전법 인스타그램
@naepojb

뱅크시, 〈풍선을 든 소녀〉, 2002년

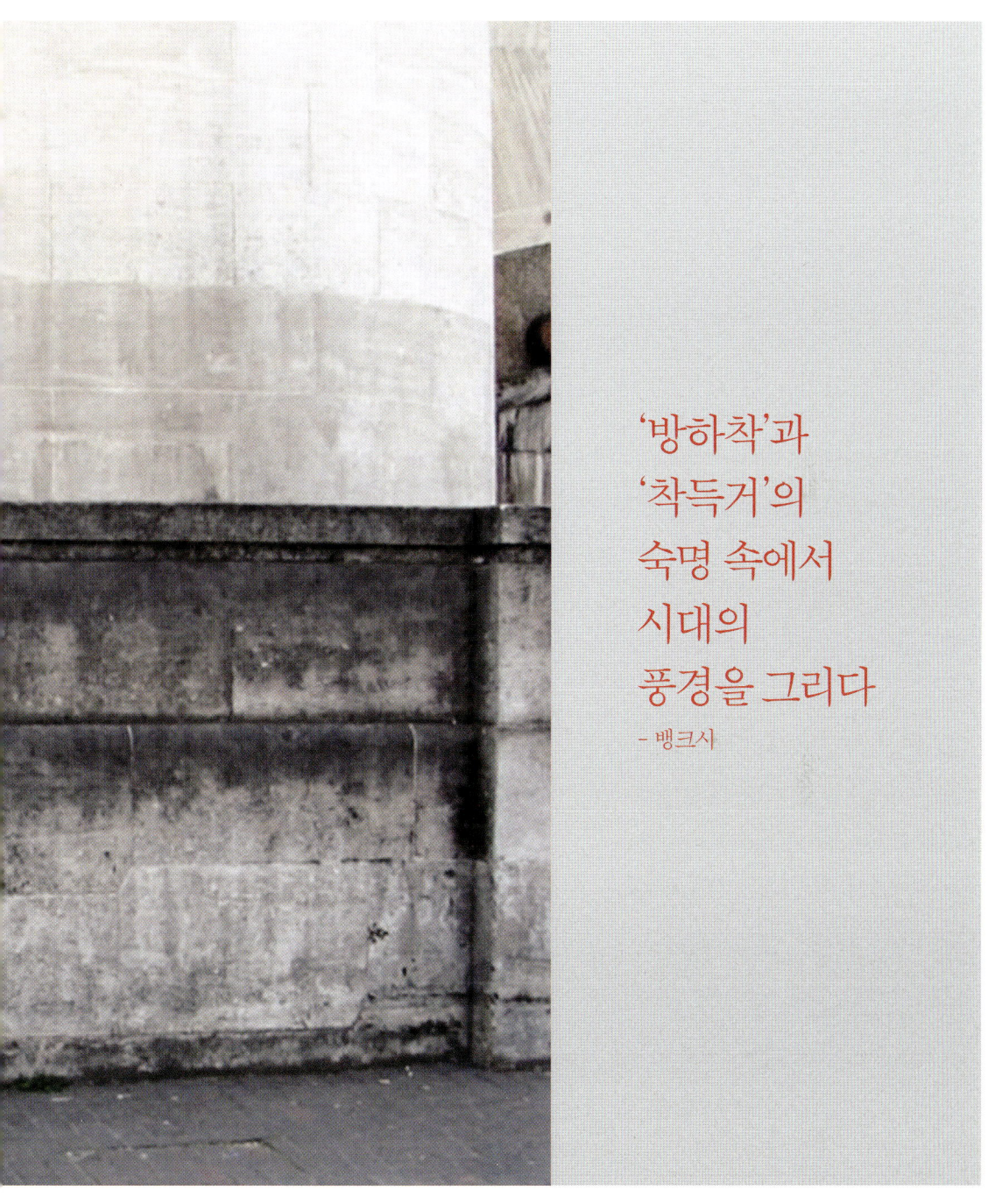

'방하착'과
'착득거'의
숙명 속에서
시대의
풍경을 그리다

– 뱅크시

내려놓거나 혹은 짊어지거나

한 선승이 묻는다. "텅 비어 한 물건도 없는데, 이제 어찌해야 합니까?" 깊은 마음 속에서 울려온 이 절박한 물음의 주인공은 엄양(嚴陽) 스님이다. 질문을 받은 선승 조주(趙州)는 폭풍처럼 고요한 한마디를 내리친다. "내려놓아라(방하착放下着)." 엄양 스님은 되묻는다. "이미 빈손인데 무엇을 더 내려놓으란 말입니까?" 그의 항변에는 '나는 모든 것을 비웠다'라는 마지막 자만, 그 미세한 아집의 티끌이 묻어 있다. 조주는 그마저 베어내려는 듯, 여지없이 날카로운 칼날을 꺼내든다. "그렇다면, 짊어지고 가거라(착득거着得去)." (『선문염송집(禪門拈頌集)』 혜심본 권12)

내려놓으라는 가르침과 짊어지라는 가르침의 역설. 이 짧은 선문답 속에 인간 실존의 가장 깊은 양면성이 담겨 있다. '방하착(放下着)'은 소유와 집착은 물론, 비움에 대한 집착까지도 놓아버리라는 서슬 퍼런 수행의 언어다. 그것은 모든 집착을 내려놓고 천 길 낭떠러지와 마주 서는 길이다. 그러나 그 완전한 비움의 끝에서 우리는 무엇을 만나는가. 바로 내려놓아야만 담아낼 수 있는 세계가 있다. 버릴 수 없는 것, 짊어지고 갈 수밖에 없는 이것이 바로 '착득거(着得去)'의 세계이다. 텅 빈 충만 속에서 오롯이 감당해야 할 삶의 본질. '내려놓음'이 소멸이라면, '짊어지고 가는 길'은 생성이다. 비움과 채움, 놓아버림과 짊어짐은 그렇게 하나의 몸짓으로 완성된다.

천 년의 시간을 건너, 이 고요한 폭풍과도 같은 화두는 오늘날 벼린 칼끝처럼 예술가의 눈앞에서 섬광을 번뜩인다. 자신의 이름과 얼굴을 '내려놓고(放下着)', 우리가 모두 짊어져야 할 메시지를 던지는 익명의 거리 예술가, 뱅크시(Banksy). 그는 철저히 자신을 비움으로써 세상 모든 곳에 현존하는 역설을 체화한다. 그의 예술은 아상(我相)을 지운 빈 배가 되어 세상의 견고한 편견과 권력에 부딪혀 파문을 일으킨다. 그러나 그는 비우는 데서 멈추지 않는다. 그 텅 빈 익명성 위로 전쟁과 자본, 불평등과 소외라는 시대의 아픔을 오롯이 짊어지고 도시의 가장 낮은 곳으로 향한다. 그의 그라피티는 하룻밤 사이에 그려졌다가 흔적도 없이 사라지는 '방하착'의 그림자를 드리우는 동시에, 보는 이의 마음에 영원히 지워지지 않는 질문과 성찰의 무게를 남기는 '착득거'의 숙명을 짊어진다. 뱅크시는 그렇게 놓아버림과 짊어짐 사이의 위태로운 경계 위에서, 이 시대의 가장 아픈 풍경을 그리는 예술가이다.

"예술은 위안이 아니라 불편함이어야 한다. 예술은 우리를 흔들어 깨워야 한다."
- 뱅크시

이름도 얼굴도 없이 등장한 한 인물이 세계 예술계의 중심을 흔들고 있다. 뱅크시가 언제 어디서 태어났는지조차 분명하지 않다. 뱅크시는 처음부터 실체를 드러내지 않고, 그가 남긴 것은 오직 '그림'과 '질문' 뿐이다. 그렇게 뱅크시는 익명의 화살처럼 세상을 향해 메시지를 쏘아

2018년 소더비 경매에서 낙찰되자마자
액자에 설치된 기계 장치에 의해 파쇄되는
뱅크시의 〈풍선을 든 소녀〉(2004년).

올린다. 사람들은 대략 1970년대 중반, 영국
서부의 도시 브리스틀 어딘가에서 그가
출생했을 거라고 말한다. 그러나 그 진위조차
확실치 않다. 알려진 이력도 없다. 출신 학교도,
가르침을 받은 스승도, 초기 화풍도 불분명하다.
확실한 건 단 하나, 그가 거리의 벽에서
시작했다는 사실이다. 낡은 골목길, 전철역
기둥, 버려진 창고의 외벽 등 누군가에겐 그저
스프레이 낙서처럼 보이는 그 작업을 통해 그는
조용히 목소리를 키워나간다. 그 작업은 회화도
조각도 아닌 스텐실 기법을 사용해 빠르고
정확하게 이미지를 남기고 사라지는 방식이다.

브리스틀과 런던을 중심으로 거리마다
등장한 이 기묘한 그림들은 이내 하나의 공통된
정서를 불러일으킨다. 그것은 분노, 연민, 그리고
묵묵한 연대이다. 전쟁, 감시, 권력, 자본주의,
소비사회에 대한 통렬한 풍자와 유머. 그의
이미지들은 시위와 기도의 경계 어딘가에
놓여있다. 그는 거리 한복판에서 불편한 진실을
특유의 유머로 감싸며 그림 속에 숨겨놓는다.
특히 2005년, 그는 팔레스타인 분리 장벽
위에 그림을 남기며 세계의 주목을 받게 된다.
철조망과 콘크리트 너머로 보이는 환상적 풍경,
혹은 벽을 넘으려는 아이의 모습. 그 벽은 곧
현실이자 마음이었다. 뱅크시의 눈에 비친 것은
분리의 벽, 혐오의 벽, 망각의 벽이다.

2009년, 그의 고향 브리스틀 시립미술관에서
대규모 전시가 열린다. 그러나 그는 모습을
드러내지 않고, 오히려 전시장 한복판에는 폐차,
감시 카메라, 고장 난 현금 인출기들이 소품처럼

놓인다. 공식 안내문에 적힌 "시에서 가장 과대평가된 예술가와의 협력"이라는 문구에서 알 수 있듯이, 뱅크시는 예술의 권위를 해체하고, 미술관의 권력을 풍자하며, 심지어 자신마저도 조롱한다. 그런데도 사람들은 줄을 서서 그의 작품을 보기 위해 들어왔고, 그는 그 사람들조차 당황케 한다. "당신은 무엇을 보러 왔는가?" 이 질문은 벽에도, 거울에도 새겨진다.

뱅크시는 지금도 세계 곳곳에서 예고 없이 모습을 드러낸다. 폐허가 된 건물, 유럽의 난민촌, 평범한 거리와 후미진 벽을 가리지 않고 그림을 남기고, 침묵한다. 얼굴 없는 이 작가가 던지는 질문은 선사의 공안처럼 여운을 남긴다. "누가 이것을 보았는가?" "당신은 이 장면 앞에서 무엇을 느끼는가?" 이름 없이 떠돌고, 사라지고, 다시 나타나는 이 예술가는, 사막을 건너는 구법승과도 같다. 자신의 성취를 내려놓고, 아무 말도 없이, 다만 '보다'라는 행위 그 자체를 다시 묻는다. 뱅크시는 직접 우리에게 말하지 않는다. 그러나 그의 침묵은 때로 가장 또렷한 목소리가 되어 돌아온다.

> "사람들이 '그건 예술이 아니야'라고 말할 때, 나는 그것이 바로 예술임을 안다."
> – 뱅크시

도심의 후미진 벽에 한 소녀가 그려져 있다. 바람을 따라 오른팔을 뻗고 있는 이 작은 소녀는 손에서 붉은 풍선 하나를 놓아 보낸다. 뱅크시의 대표작 〈풍선을 든 소녀〉(2002) 벽화는 언뜻 보면 단순한 상실의 이미지처럼 보인다. 그러나 찬찬히 들여다보면, 그것은 단지 풍선이 떠나는 장면이 아니다. 떠나보냄의 순간, 즉 '놓아주는' 마음이 강조돼 있다. 소녀의 손끝에서 멀어지는 풍선은 우리의 집착, 기대, 애착, 혹은 지나간 사랑일 수도 있다. 하지만 그것은 사라져야만 했던 것들이다. 무언가를 놓는다는 것은, 단지 상실을 의미하지 않는다. 그것은 동시에 새로움을 맞이할 수 있는 공간을 열어주는 행위다. 무집착의 수행은 손에 쥔 것을 더 오래 붙들려는 노력이 아니라, 놓아야 할 때를 아는 지혜에서 비롯된다.

뱅크시의 메시지는 여기서 그치지 않는다. 가장 유명한 에피소드는 2018년 소더비 경매에서 일어났다. 뱅크시의 이 작품 〈풍선을 든 소녀〉(2004)가 104만 파운드에 낙찰되자마자, 액자 내부에 숨겨져 있던 파쇄기가 작동해 작품 절반이 찢겨 내려갔다. 시장에 진입하는 순간, 예술은 예술이기를 멈춘다는 선언이었다. 형태를 잃은 그 그림은 오히려 더 완전해졌다. 이처럼 뱅크시의 시선은 예술 그 자체에 관한 성찰에 멈추지 않는다. 그는 더 넓게 더 멀리 시선을 둔다.

특히 뱅크시의 〈꽃을 던지는 사람(Rage, the Flower Thrower)〉(2005)을 빼놓을 수 없다. 검은 옷에 두건을 쓴 한 남성이 무언가를, 전방을 향해 던지고 있다. 활시위를 당기듯 뒤로 젖혀진 팔, 그 팽팽한 몸짓이 보는 이의 숨을 멎게 한다. 그러나 그가 던지는 것은 돌이나 화염병이 아니라, 한 다발의 꽃이다. 이 작품은 폭력의 기세 속에 숨은

뱅크시, 〈꽃을 던지는 사람(Rage, the Flower Thrower)〉, 2003년

뱅크시, 〈게임 체인저(Game Changer)〉, 2020년

뱅크시, 〈세일 종료(Sale Ends Today)〉, 2006년

자비의 가능성을 그려낸다. 시위대의 격렬함을 표현하면서도, 그 안에 담긴 메시지는 정반대다. 무기의 자리를 꽃이 대신하고, 증오의 자리를 사랑이 바꿔놓는다. 이 남성의 격렬한 저항이 일순 고요해진다. 세상의 무수한 분노와 폭력에 맞서기 위해, 그는 아름다움을 던진다. 상처에 칼이 아닌 꽃을 던지는 행위는, 곧 자비이자 인욕이다. 그리고 뱅크시는 이 장면을 통해 침묵 속 자비의 역설적 힘을 되묻는다.

인간을 바라보는 그의 연민은 뱅크시의 2020년 작 〈게임 체인저(Game Changer)〉에서도 잘 드러난다. 이 작품은 병원 대기실에 그려진 한 벽화이다. 초인적인 힘을 지닌 슈퍼맨도, 고담의 박쥐 인간도 보이지 않는다. 대신 한 아이가 간호사 인형을 손에 들고 놀고 있다. 이 작품은 코로나19 초기 전 세계를 울린 헌사이자, 진정한 영웅에 대한 재정의였다. 배트맨과 스파이더맨은 쓰레기통에 던져졌고, 이제 새로운 영웅은 마스크를 쓰고 앞치마를 두른 간호사이다. 진정한 위대함이란 '능력'이 아니라 '이타성'에서 피어난다. 남을 구하려는 마음, 고통에 함께하는 태도, 목숨을 걸고 생명을 보살피는 자의 손짓, 이 모든 것이야말로 붓다가 말한 자비심의 현현이다.

뱅크시의 시선은 고통의 표면에 머물지 않고, 그 근원까지 파고든다. 〈세일 종료(Sale Ends Today)〉를 보면, 대형 할인 간판을 향해 두 손을 모은 사람들이 있다. 누군가는 울고, 누군가는 엎드려 기도한다. 이 장면은 현세적 욕망에 집착하는 현대 사회의 자화상이다. 자본주의의 사원, 소비의 제단 앞에 머리를 조아리는 현대인들의 모습은 우리에게 익숙한 풍경이다. 단 하루뿐인 할인, 한정된 수량, 빠르게 클릭해야만 얻을 수 있는 무언가를 연상케 한다. 그것은 마치 윤회처럼 반복되고, 번뇌처럼 자라난다. 그러나 이 절박한 몸짓들은 곧 허망함으로 돌아간다. 붙들면 소유한 듯하지만, 결국 붙들린 쪽은 나 자신이다.

이처럼 뱅크시의 그림들은 그 자체로 공안이고 선문답이며, 화두와도 같다. 그 앞에 서는 순간, 우리는 설명이 아니라 침묵에 가까워진다. 단어보다 이미지가 먼저 말하고, 의미보다 느낌이 먼저 다가온다. 그래서 그의 작품은 종종 불편하다. 마치 선사의 일갈처럼, 날카롭고 깊은 흔적을 남긴다. 무언가를 꽉 움켜쥔 손을 푸는 순간, 풍선은 하늘이 되고 꽃은 길이 된다. 영웅은 바뀌고, 세일은 끝난다. 그 무상(無常) 속에 내려놓은 빈자리에서 비로소 우리는 무언가를 짊어지고 길을 떠날 수 있다. 이렇게 뱅크시는 마치 스승이 졸고 있는 제자에게 죽비로 내리치듯, 우리를 흔들어 깨운다.

"자, 이제 내려놓을 것인가 아니면 짊어지고 갈 것인가?" ●

_____ 보일 스님

AI 부디즘 연구소장. 해인사로 출가해 해인사승가대학을 졸업, 서울대 대학원 철학과에서 석사학위와 박사학위를 취득했다. 예술과 인공지능을 주제로 붓다의 지혜를 찾고 있다.

The Hidden Chapter –
오백 년 만에 돌아온 조선서화

2025. 08. 19. ~ 2025. 11. 9.
포스코미술관 | 서울 강남
02-3457-1665

유현재(幽玄齋)는 일본 교토에서 고미술품점인 이조당(李朝堂)을 운영하며 약 40여 년간 한국미술품을 수집했던 이리에 다케오(入江毅夫)의 자택 당호이다. 그의 소장품 730점을 수록한 『유현재선한국고서화도록(幽玄齋選韓國古書畵圖錄)』은 한국의 고미술계에 큰 반향을 일으켰으며, 유현재는 일본의 저명한 한국미술 소장처로 알려지게 된다. 이후 유현재 컬렉션은 1997년 재일교포 3세 수장가 나카무라(中村·한국명 진창식)에게 모두 넘어갔고, 그가 사망하면서 컬렉션 일부가 한국으로 돌아오게 됐다. 포스코미술관 기획전《The Hidden Chapter – 오백 년 만에 돌아온 조선서화》에서는 유현재 컬렉션의 주요 작품 51건을 처음으로 공개한다. 단원 김홍도의 '평생도 6폭병풍', 연담 김명국의 '달마도', '영남명승 35경도첩' 등 조선초기부터 근대기까지의 산수화, 인물풍속화, 화조화훼영모화와 함께 기록화, 궁중화, 불화, 서예까지 한 자리에서 다채롭게 살펴볼 수 있다. 포스코미술관은 2호선 강남역과 선릉역 중간에 위치한 포스코센터 지하 1층에 자리해 있다. 코엑스 방향 포스코사거리쪽 계단을 따라 내려가면 건물 로비를 거치지 않고도 바로 미술관 입구에 닿는다. 전시장 면적은 넓지 않지만 51건의 작품이 섬세히 배치돼 있고, 전문가의 해설 영상도 있어 들여다볼 요소가 많다. 전시장 바로 옆에는 종로서적이, 위에는 커피전문점 테라로사가 있으니 흐린 오후에 찾아가 전시를 보고 책 한 권 사서 카페에 가면 딱 좋을 루트다.

- **운영시간** 월-금요일 **10:00~18:00**(화요일은 20시까지) / **토·일요일 11:00~16:00**
- **휴관일** **국가공휴일**(일요일 제외)
- **관람요금** **무료**

영남명승35경도첩 中〈지리산〉,
1757-1767년 추정, 35×45.5cm

〈석가오존도〉 부분, 명대,
비단에 수묵, 85×56.4cm

〈달마도〉, 연담 김명국, 17세기,
종이에 수묵, 90.4×47cm

〈산수도〉6폭 병풍, 기야 이방운, 19세기, 종이에 수묵채색, 각72×39cm

<table>
<tr><td>

나의 얼굴은

</td><td>

2025.06.03. ~ 2025.12.31.
양주시립 회암사지 박물관 | 경기 양주
031-8082-4174

</td></tr>
</table>

양주시 회암동 천보산 자락에 위치한 회암사는 12세기 창건되어 유교사회를 지향했던 조선시대에도 왕실의 적극적 후원을 입은 조선 최대의 왕실사찰로, 한국 불교사에서 중요한 자리를 차지한다. 지금은 비록 찬란했던 당시의 모습을 볼 수 없지만, 절터에 남아있는 유구를 통해 당시의 위상을 상상해보는 것은 어렵지 않다.

이번 특별전《나의 얼굴은》은 회암사지에서 출토된 작은 동물머리 조각 하나에서 출발한다. 비록 파편에 불과하지만 여전히 존재감을 지닌 유물들을 통해 오늘날의 관람자와 과거의 마주침을 탐색하는 전시는 출토유물로 구성된 1·2부를 거쳐 AI기술을 활용한 창작이미지와 영상을 통해 과거와 현재를 접목하는 3부로 이어진다. 박물관 로비에서 입장권을 끊고 상설전시를 지나 2층의 특별전을 모두 도는 데 긴 시간이 필요하진 않으나, 오랜 시간을 지나온 유물과 그 파편들을 바라보고 있으면 자연스레 발걸음이 늦춰진다.

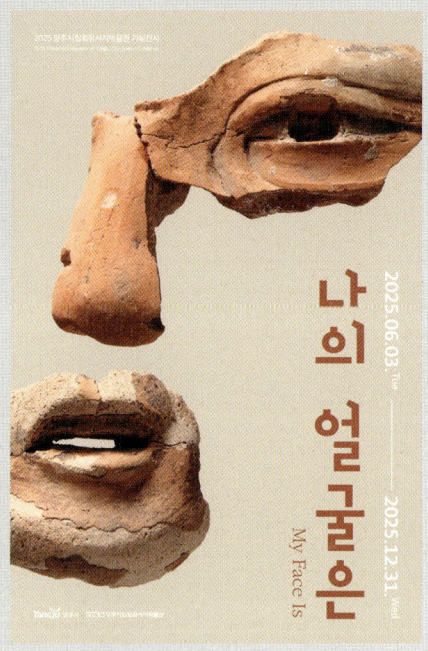

박물관을 모두 돌아본 뒤에는 바로 뒤편으로 이어진 길을 따라 회암사지를 둘러보며 방금 본 유물들이 어떤 모습으로 자리하고 있었을지 상상해 보는 것도 좋다. 날씨 좋은 주말에는 회암사지와 박물관 사이 잔디밭에 가족, 친구 단위의 방문객이 여기저기 돗자리를 깔고 여가를 즐기는 모습이 보인다. 마찬가지로 나무 그늘 아래 자리잡아 여유를 느껴도 좋고, 천보산을 조금 올라 19세기 창건된 지금의 회암사를 돌아보는 것도 좋은 선택이다. 궂은 날씨라면 박물관 건너편의 '러스트커피바'를 추천한다.

- 운영시간   화-일요일 09:00~18:00 (하절기 기준)
- 휴관일   월요일
- 관람요금   성인 2,000원 | 청소년 1,500원 | 초등학생 1,000원
  _ 양주시민 또는 전국동주도시 시민은 50% 할인 (신분증 제시 必)

불상(몸)조각. 관람객들이
그림으로 표현된 전시 유물을
직접 찾아보고, 집에 가져가
색칠해 보관할 수 있는 컬러링
체험을 함께 진행하고 있다.

전시 전경. 현수막에는 『조선왕조실록』 등 역사적
기록에 남겨진 회암사 이야기가 담겨 있다.

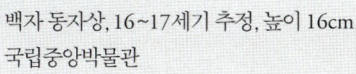

백자 동자상, 16~17세기 추정, 높이 16cm,
국립중앙박물관

불교와 꿈 仏教と夢

2025. 09. 20. ~ 2025. 11. 24.
류코쿠미술관(龍谷ミュージアム)
일본 교토

불교에서 '꿈'이 처음 설해진 것은 마야부인의 석가모니 탄생에
얽힌 태몽 이야기다. 누구나 한 번쯤 꿔본 '꿈'이라는 소재는 불교의
세계관 속에서 어떻게 다뤄져 왔을까? '꿈과 영험담', '불교 경전에
설해진 꿈', '현각, 삼장을 비롯한 동아시아 고승들이 본 꿈', '의례와
꿈', '꿈과 성지'의 5부로 구성된 전시는 남북조 시대《석가팔상도》와
중요문화재 '목조심사대장입상'을 비롯해 고대 간다라 석조 작품에서
중·근대까지의 불화와 두루마리, 불상, 경전 등 약 130건의 다양한
작품을 통해 꿈이라는 독특한 소재를 풀어낸다.

운경: 기도의 공간 – 흥복사 북원당

運慶 祈りの空間——興福寺北円堂
2025. 09. 09. ~ 2025. 11. 30.
도쿄국립박물관(東京国立博物館) | 일본 도쿄

일본 나라현의 세계문화유산 고후쿠지(흥복사興福寺) 경내
북원당(北円堂)은 721년 건립되어 1046년과 1180년 2번의
화재를 겪는다. 그중 1180년 화재는 그 피해가 막대해 재건에
30년 가까이 소요되었는데, 이때 불사 운케이(운경運慶, ?~1223)의
불상이 안치된다. 오늘날까지 전해오는 미륵상과 무착보살상,
세친보살상은 강인하고 사실적인 표현과 고요하고 차분한 형세로
운케이가 말년에 도달했던 예술적 경지를 가늠하게 만든다.
북원당 수리 기간동안 진행되는 이번 전시에서는 미륵상과
무착보살상, 세친보살상, 또한 운케이의 작품으로 추정되는
사천왕상을 함께 전시해 가마쿠라 부흥 시대 북원당의 모습을
재현한다. 특히 미륵상은 2024년도 수리 이후 처음 공개되며,
고후쿠지 밖으로 나온 것은 60년 만의 일이다. ◗

요즘 절에 가면 뭐해?
뭐하긴, 연애하지!

21세기 한국불교 최고의 히트 상품 〈나는 절로〉를 통해
청춘남녀의 큐피드 역할을 해 온 묘장 스님이 들려주는
불교식 사랑 방정식과 인연의 법칙!

인연 아닌
사람은 있어도
인연 없는
사람은 없다

묘장 지음
소리여행 그림
222쪽 ┃ 18,000원

100:1의 참가 경쟁률, 매회 60%가 넘는 매칭 성공률, 실제 결혼까지
KBS·MBC·YTN·LA Times·NHK·DER SPIEGEL 등 집중 조명

세간의 화제 〈나는 절로〉의 기적 같은 성공담
그 시작과 과정에서 배우는 소중한 삶의 지혜!

"요즘은 어딜 가도 사람들이 제일 먼저 〈나는 절로〉에 대해 묻는다. 그때마다 나는 번거롭
게 여기기보다 이들의 말을 화두 삼아 마음을 다진다. 더 많은 사람이 행복할 수 있는 방
법이 무엇일까? 만약 나에게 그럴 능력이 있다면 가능한 한 더 많은 사람에게 '대박'을 선
물하고 싶다. 욕심을 좀 부려 보고 싶다" _ 본문 중에서

불광출판사 전화 02) 420-3200 ┃ www.bulkwang.co.kr ┃ ▶ 불광미디어

그렇다고 죽을 수는 없잖아

"그 손 놓으세요. 힘들게 붙잡지 말아요.
손을 놔도 떨어지지 않아요. 죽지 않는다니까요."
도발적인 이 한 문장은 원영 스님의 글이 지닌 힘을 보여 준다. 보통의
에세이가 "힘내라"라는 응원의 말로 어깨를 토닥이는 데 머문다면, 스님은
삶의 고통과 불안을 직시하도록 이끈다. 단순한 위로가 아니라 불교적
지혜와 실존적 성찰을 담아, 우리가 애써 외면해 온 두려움과 집착을
마주하게 한다. 이를 통해 우리는 무상(無常)의 진리를 이해하고, 내려놓음과
비움의 힘을 체험하며, 마음 깊은 곳의 불씨와 다시 연결된다. 스님의
글은 수행자의 일상에서 길어 올린 체험의 언어다. 그래서 현학적이거나
종교적 교리에 갇히지 않고, 오히려 더 따뜻하고 명징하게 다가온다.
사자후(獅子吼)처럼 깊은 울림으로 응어리진 분노를 희망으로 전환한다.
"때로 지치고 괴롭고 슬프더라도 그것은 영원하지 않습니다. 삶은 우리를
다시 살아지게 합니다." 다정하면서도 본질을 꿰뚫는 스님의 말씀을 따라
조금씩 내 삶의 무게를 덜어내 보면 어떨까.

원영 지음 | 무아 그림 | 불광출판사 | 200쪽 | 18,000원

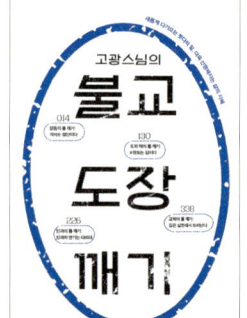

고광 스님의 불교 도장 깨기

우리에게 불교는 여전히 '붓다를 믿는 종교' 정도로 여겨진다. 그러나 경전 속
붓다는 단 한 번도 '믿으라' 하지 않았다. "직접 와서 보고, 직접 확인하라"고
초대했을 뿐이다. 『고광 스님의 불교 도장 깨기』는 불교를 신앙이나 수행
체험이 아닌 '이해의 언어'로 풀어낸 책이다. 불교를 '믿음의 종교'가 아니라
누구나 확인하고 검증할 수 있는 길로 되돌려 놓는 저자는 의역과 오역으로
흐려진 불교의 본모습을 다시 세워, 독자 스스로 '검증 가능한 이해'를 통해
불교를 만날 수 있도록 안내한다. 불교에 첫발을 딛는 이에게는 단단한
입문서가, 오래 공부했으나 풀리지 않는 의문으로 답답함을 느끼던 이에게는
막힌 숨을 틔워주는 돌파구가 될 것이다.
어렵게만 느껴졌던 불교의 언어가 일상에서 이해되면, 오늘의 삶을 분명히
세우는 지혜로 다가온다. 믿음 대신 이해, 추상 대신 확인, 관념 대신
실천으로 불교를 다시 만날 때 지금의 삶은 전혀 다른 방향으로 선명해진다.
맞다. 불교는 믿음을 강요하는 오래된 종교가 아니라, 지금 나를 깨우는
새로운 언어다.

고광 지음 | 불광출판사 | 430쪽 | 24,000원

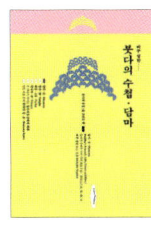

붓다의 수첩·담마

성찬 지음 | 수류산방.중심 |
552쪽 | 27,000원

신화가 아닌 '역사'로 실존한 인간 부처의 삶을 재구성한 고타마 붓다 연대기. 법주사 강주를 역임하고 미얀마에서 빅쿠계를 다시 수지한 위빳사나 수행 도량 여래향사의 지도법사 성찬 스님이 남북전을 아우러 경전의 핵심과 역사적 사실, 사회적 배경을 함께 살피며 붓다의 삶, 혁명, 깨달음을 짚어 간다. 불교 용어나 남아시아 문화가 생소한 독자들을 위해 색인을 덧붙이고, 여러 지도를 수록해 붓다의 여정을 입체적으로 그려볼 수 있도록 했다.

빅 홀니스

켄 윌버 지음 | 추미란 옮김 |
판미동 | 544쪽 | 27,000원

철학, 심리학, 과학, 종교 전통을 아우르는 현대 통합 이론의 거장 켄 윌버의 최신작. 저자의 사상적 여정을 집대성하며 특정 종교의 교리보다는 일상과 인간관계, 내면의 성찰, 사회적 책임까지 연결하는 통합적 영성을 제시한다. '종교적이지 않지만 영적인 삶(SBNR)'을 추구하는 이들을 위한 길잡이로, "동서양 종교, 과학과 영성, 심리학과 신비주의, 의식과 무의식이 통합되는 인류 역사의 과정을 아름답고 명료하게 그려낸다(서울대 종교학과 성해영 교수 추천사)".

선정겸수

월암 지음 | 담앤북스 |
440쪽 | 28,000원

문경 한산사 용성선원에서 정진하며 사부대중 수행공동체 불이선회를 이끌고 있는 월암 스님이 참선과 염불 수행법을 융회(融會)한 수행 지침서. "선을 선방에 앉는 좌선의 모습으로 국한시키거나 염불을 염불당의 염불 소리에 한정시키면 깨어 있고 열려 있는 수행이 되지 못한다"라고 일갈하는 스님은 어느 한쪽으로 치우친 견해를 가지면 참된 수행의 열매를 맺을 수 없다고 주장하며 선정일치와 선정겸수를 풀어낸다.

주말엔 산사

윤설희 지음 | 휴머니스트 |
360쪽 | 19,800원

삼성전자에서 10년 넘게 그래픽 디자이너로 일하고 있는 윤설희 작가가 5년 동안 탐방한 전국 산사 100여 곳 중 가장 각별했던 산사 7곳을 '느리지만 깊이 있는 여행법'과 함께 소개한다. 조계산 선암사, 봉황산 부석사, 만수산 무량사, 모악산 금산사, 운길산 수종사, 천불산 운주사, 수도산 봉은사. 섬세한 펜 그림과 함께 곳곳에 세심하게 배치한 산사의 건축물과 불교 용어에 대한 손쉬운 해설은 건축을 잘 몰라도, 종교가 없어도 누구나 산사의 아름다움과 의미를 즐길 수 있게 한다.

거울 속의 물고기

백진순 지음 | 모과나무 |
276쪽 | 19,000원

유식학은 대승불교 사상을 떠받치는 중요한 기둥이지만 불교에서 어렵다고 손꼽히는 대표적인 학문이다. 하지만 이 어려운 유식을 공부하고 실천해야 하는 이유는 분명하다. 불교는 마음공부가 전부라 해도 과언이 아닌데, 바로 그 마음을 심층 깊이 들여다보게 해주기 때문이다. 『거울 속의 물고기』는 의심 없이 세상을 있는 그대로 바라볼 수 있는 '마음'에 집중하며 누구라도 유식에 입문할 수 있도록 길을 열어준다.

재연 스님의 반야심경 읽기

재연 지음 | 문학동네 |
232쪽 | 19,800원

한국초기불교대학원 원장이자 지난 30여 년간 초기 불교 경전 읽기의 중요성을 강조하며 빨리어 니까야를 전해온 재연 스님의 『반야심경』 해석서. 공(空)이란 무엇인가? 『반야심경』은 그 공을 어떻게 설명하고 있는가? 불교에 어느 정도 관심을 가진 이들에게도 쉽게 대답하기 힘든 질문에 스님은 사성제, 팔정도, 연기, 무아 등을 차근차근 설명하며 오늘날 우리의 고민까지 끌어안는 『반야심경』의 넉넉한 세계를 펼쳐 보인다.

너에게 미치도록 걷다

박인식 지음 | 생각정거장 |
376쪽 | 19,000원

한국 기행문학의 숨은 명작『너에게 미치도록 걷다』의 15주년
특별판. 방랑작가 박인식은 2010년 새해 첫날부터 부처가 태어난
네팔 룸비니로 가기 위해 카트만두로 날아갔다. '초급 불자를 위한
안내서'로써 불교를 처음 접하는 사람들에게 좋은 길잡이 역할을 해온
이 책은 네팔에서 인도로, 룸비니에서 보드가야, 사르나트, 쿠시나가르,
라즈기르로 이어지는 '부처의 길'을 오직 두 발로 따라 걸어간다.

유심 (2025년 가을호)

설악만해사상실천선양회 지음 |
설악만해사상실천선양회 | 372쪽 |
12,000원

2025 가을호는 심재휘를 초대 시인으로 선정, 일곱 편의 신작 시와
에세이를 수록했다. 문정희 시인의 고향을 방문한 '시인의 뿌리를
찾아서', 임권택 감독의 '내 마음의 시 한 편', 이병률 시인의 사진이 담긴
'시가 있는 특별한 여행'을 비롯해 박명숙, 황바울 등 5인의 신작 시조와
곽재구·김승희·김이듬·백무산·양안다·장옥관·허은실 등 20인의
신작 시, 소설가 윤흥길의 '예술가의 산문' 코너 등이 실려 있다.

지극히 사적인 네팔

수잔 샤키야, 홍성광 지음 |
틈새책방 | 324쪽 | 18,000원

틈새책방 '지구 여행자를 위한 안내서' 시리즈의 인기작『지극히
사적인 네팔』이 개정증보판으로 돌아왔다. 문재인 전 대통령의 SNS
언급으로 큰 주목을 받았던 이 책은 네팔인 저자가 직접 한국인
독자에게 모국을 소개하며, 현지인이 아니면 알기 어려운 네팔의
속살과 사람들의 정서를 진솔하게 담았다. 이번 개정증보판은
초판에 미처 담지 못한 현직 구르카 용병 인터뷰, 저자와 결혼한
아내의 '네팔 문화 관찰기'가 새롭게 수록되어 더욱 다채로워졌다.

높고 낯선 담장
속으로

조은혜 지음 | 책과이음 |
240쪽 | 17,400원

교도소에서 정신질환 범죄자들을 만나며 그들의 마음을 가까이에서
들여다본 상담가의 직업적 번민과 인간적 고뇌가 담긴 기록. 질환과 범죄,
피해의 단순한 연관성을 넘어 그 이면에 숨은 복잡한 사회적 이슈를
고찰한 이 책은 정신질환 범죄자에 대한 우리 사회의 일반적 편견에 어떤
답을 섣불리 내놓지 않는다. 다만 '범죄'나 '질환'이 아닌 '사람'에 대해
쓰고 싶었다는 저자는 이들의 마음을 이해함으로써 범죄 예방과 사회
안전으로 나아가는 해법까지도 모색할 수 있으리라 믿는다.

우리 집에 가서
반미 먹을래?

이란주 지음 | 우리학교 |
172쪽 | 15,000원

우리나라에도 어느덧 이주민, 다문화 가정이 많아졌다. 가까이는
고려인과 베트남, 일본, 몽골부터 멀게는 이집트나 페루까지 세계
곳곳에서 온 이들은 어떤 밥을 지어 먹을까? 국내 대표적인 이주
인권 활동가이자 인권 관련 책을 여럿 집필한 저자가 쓴 밥 이야기.
이주민들이 집에서 자주 해 먹는, 특별할 것 없지만 그래서 더욱 남다른
집밥과 그 속에 담긴 저마다의 사연이 책 속 가득 펼쳐진다.

팔레스타인의
파괴는 지구의
파괴다

안드레아스 말름 지음 |
추선영 옮김 | 두번째테제 |
232쪽 | 18,000원

팔레스타인에 대한 이스라엘의 비인도적 집단학살이 멈추지
않고 계속되는 가운데, 봉쇄된 가자 지구 사람들에 대한 연대와
함께 이스라엘에 대한 전 세계적인 항의와 저항이 일어나고 있다.
스웨덴의 정치생태학자이자 활동가인 저자는 끝없는 폭력과 점령의
역사와 지금 우리 앞에 놓인 기후 위기를 함께 살피며, 기후 위기를
불러오는 자본의 폭력이 무자비한 파괴와 이주, 생태 학살로 점철된
시온주의자들의 폭력과 얼마나 닮아 있는지 전달한다.

나는 나뭇잎에서 숨결을 본다

우종영 지음 | 흐름출판 |
396쪽 | 23,000원

"자연을 모르는데 기후위기를 어떻게 '내 일'로 인지할 수 있을까?"
30여 년간 전국의 수만 그루 나무들을 치료해온 나무의사이자,
자연이 전하는 삶의 가르침을 담담하고 우직한 태도로 기록해온
작가 우종영의 '자연과 공명하는 삶의 태도'. 저자가 숲을 거닐고
자연을 공부하며 그러모은 수십 개의 생태단어와 그림책 작가
조혜란의 삽화는 소비에 몰두하는 인간 중심의 관점에서 벗어나
풀과 꽃의, 새와 여우의 눈으로 보는 자연을 일깨워 준다.

세상에 나쁜 악플러는 없다

딜런 매론 지음 | 김정은 옮김 |
정신세계사 | 336쪽 | 20,000원

어떤 사람이 악플을 달고, 왜 악플을 다는 걸까? 조회수 수백만의
콘텐츠를 찍어내던 저자는 유명세가 커질수록 엄청난 악플 세례에
시달리게 된다. 우연한 계기로 시작된 '악플러와의 인터뷰 시리즈'를
통해 그는 현실의 일대일 대화가 가진 위력을 느끼고, 자신이 얻은
교훈을 정리해 책으로 엮었다. 혐오와 편 가르기를 부추기는 인터넷
세상에 계속 접속할 수밖에 없는 우리 모두를 위한 회복제이자
치료제.

동물의 눈으로 본 인류의 역사

야우커 아크벨트 글 | 데네 필라
그림 | 정신재 옮김 | 원더박스 |
96쪽 | 27,000원

동물의 눈으로 본 인간은 얼마나 이상하고 신기한 모습일까?
공작새부터 판다까지 스물아홉 동물들이 제 목소리로 들려주는
인류의 역사와 문화, 사랑과 모험, 그리고 탐욕과 후회의 이야기가
펼쳐진다. 학교에서 배우는 역사에는 빠져 있는, 인류와 동물이 함께
엮어 낸 역사 속 장면들을 복원한 책으로, 네덜란드에서 그해의 가장
뛰어난 일러스트레이션에 주는 황금붓상 수상작!

오늘도 성장하고 있습니다

이병남 지음 | 해냄 | 236쪽 |
18,000원

전 LG인화원 사장이던 저자는 은퇴 후 "사회와의 연결선이 모두
끊어진 듯한" 무력감에 방황하지만, 사회적 활동이 줄어들고
나이를 먹는다고 해서 사람의 성장은 멈추는 것이 아님을 깨닫는다.
이러한 경험과 성찰을 바탕으로 은퇴 후 방황하는 이들이나 은퇴를
앞둔 이들이 지금부터 챙기면 좋을 삶의 태도를 담고, 고독사나
조력사에 대한 고민, 혈연관계를 넘어선 새로운 가족의 필요성 등을
통찰하기도 한다.

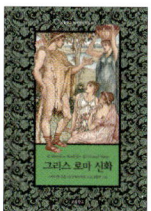

그리스 로마 신화

너새니얼 호손 글 | 아서 래컴 그림 |
신인수 옮김 | 보물창고 |
296쪽 | 18,000원

『큰 바위 얼굴』과 『주홍 글자』의 작가로 우리에게 더욱 유명한 작가
너새니얼 호손이 재창조한 〈그리스 로마 신화〉. 낡고 무거운 원작의
외피를 시원스레 벗기고, 손에 땀을 쥐게 만드는 흥미진진한 이야기
6편을 골라 원작의 뼈대는 충실히 살리면서 작가 특유의 상상을
곁들인 이 작품은 어린 독자들과 〈그리스 로마 신화〉를 어렵게만
느끼는 일반 독자들을 그 옛날, 신과 영웅과 괴물이 공존하던
세상으로 초대한다.

그래도 되는 차별은 없다

공익인권법재단 공감 지음 |
창비 | 252쪽 | 18,000원

'그럴 만한 이유가 있는', '그래도 되는' 차별은 없다. 낯선 혐오와
간교해진 편견에 맞서 소수자들의 곁을 지켜온 우리나라 최초의
전업 공익변호사 단체 '공익인권법재단 공감'이 벌여온 치열한
법정투쟁 이야기. 이주난민, 성소수자, 여성, 빈곤, 불안정노동,
재난참사 등 여러 분야에서 최근 사회적 쟁점으로 떠올랐던 사건 및
소송의 헤드라인 너머 소상한 사연과 처절한 분투, 조밀한 고민을
기록했다.

노동의 시간이 문장이 되었기에

장남수 지음 | 플레이아데스 |
280쪽 | 18,000원

배움의 열정으로 야학에서 검정고시, 성공회대를 거쳐 만학의 꽃을 피운 여성 노동자의 삶이 길어 올린 노을빛 에세이. 70년대 '민주노조의 전설'로 불린 원풍모방 노조에서 활동했던 저자는 2024년, 호주국립대의 초청을 받아 호주로 간다. 그곳에서의 만남, 현재와 과거가 교차하는 경험을 담은 이 책은 삶의 어려움 속에서도 끊임없이 도전하며 자기 삶을 기록해 나가는 사람들의 이야기를 통해 공감과 위로를 전달한다.

나이 드는 몸 돌보는 법

신예희 지음 | 유유 |
138쪽 | 12,000원

완경을 피할 수 없는 여성은 물론, 갱년기가 남의 이야기일 수 없는 모든 이들에게 필요한 이야기. 저자는 2000년대 초부터 온라인에 '물좋권'(물건이 좋지 않으면 권하지 않아요) 목록을 게시하며 다양한 연령대 여성들로부터 뜨거운 호응을 얻었다. 이 책은 그가 완경 이후 자신의 몸을 돌보면서 경험하고 소비한 것 가운데 공유할 만한 일, 갱년기가 오기 전에 미리 알아 두었다면 더 좋았을 정보들을 담고 있다.

옛것에 혹하다

김영복 지음 | 돌베개 |
368쪽 | 23,000원

〈TV쇼 진품명품〉 20년 차 감정위원, '통문관' 점원에서 '문우서림' 주인까지 50년 동안 인사동 문화의 거리를 주름잡아 온 독보적 인물 김영복의 첫 책. 그가 만나 온 숱한 골동 중 자신만의 기준으로 엄선한 80개의 고미술 명작들과 함께 예술, 역사, 사람에 관한 이야기를 풀어낸다. 아련한 정취가 실린 인사동 터줏대감다운 그의 글과 골동 명품 도판에 심취하다 보면 어느새 고미술이 가진 진정한 힘과 매력, 우리가 그토록 '옛것'을 좋아하는 이유를 자연스레 깨닫게 된다.

매일 아침 차를 마십니다

이유진 지음 | 스토리닷 |
296쪽 | 20,000원

차(tea)를 매개체로 자신을 돌보고 함께 소통하며 성장할 수 있는 건강한 사회를 꿈꾸며, 매일 차를 전하고 있는 티라이프디렉터 '바유'로 활동 중인 저자가 매일 아침 차를 마시며 생각한 50가지 이야기. 이야기 끝마다 차와 관련된 정보, 레시피, 인문 등의 작은 글이 딸려 있다. 차를 막 시작한 입문자부터 차가 생활이 된 이들까지, 모두가 두고두고 읽어볼 만한 책.

낭만적 우정과 무가치한 연애들

라이나 코헨 지음 | 박희원 옮김 |
현암사 | 408쪽 | 21,000원

연애가 시작되면 친구와의 연락이 뜸해지고, 10년 넘게 알고 지낸 친구보다 한 달 남짓 사귄 연인이 더 중요해진다. 그러나 이런 관념이 정말로 당연할까? 연애와 결혼이라는 하나의 관계 모델이 모두에게 맞을까? 저자는 우리가 로맨스에 너무 많은 것을 기대해서 그 관계를 약화시키고, 우정에는 기대를 너무 안 해서 발전시키지 못한다고 지적하며 서로의 돌봄 제공자이자 유언 집행인이며, 공동 명의자이자 공동 양육자이기도 한 친구들의 이야기를 들려준다.

이주, 경계, 꿈

권준희 지음 | 고미연 옮김 |
생각의힘 | 366쪽 | 22,000원

미국 캘리포니아주립대 교수이자 문화인류학자인 저자가 12년간 연구한 조선족의 복잡한 이주 경로와 독특한 삶의 리듬. 1990년대 초반 조선족 사회와 연변 전역을 휩쓴 '코리안 드림'의 궤적을 따라가며 몸, 돈, 시간이라는 인류학적 렌즈로 이주노동자의 삶을 심도 있게 들여다본다. 나아가 민족과 국적, 계급과 젠더가 얽힌 '경계에 있는 삶'의 과거와 현재를 대조하며 우리 사회의 경계 설정과 차별, 배제의 구조까지 성찰하게 한다.